最强大脑训练课

Brain Storm

越玩越聪明的365个数独游戏

【畅销四版】

诸葛文◎著

中国法制出版社
CHINA LEGAL PUBLISHING HOUSE

前　言

数独，英文名称Sudoku，日语为すうどく。这是一种最初流行于日本的古老数字谜题游戏，其概念源于18世纪瑞士数学家发明的“拉丁方块”。在过去的时间里，数独迅速地在全世界普及起来。目前是国际上十分流行的，一种用来锻炼逻辑思维的游戏。

现代数独的雏形首先在1970年由美国的一家数学逻辑游戏杂志发表，当时名为“Number Place”。当今流行的数独于1984年由日本游戏杂志《パズル通信ニコリ》发表并获得了“数独”的名称。数独原意是“独立的数字”，因为每一个方格都填上一个个位数。在日本，数独已成为最风行的猜谜游戏之一，专业的数独玩家超过100万人。

数独走出日本，走向英国，成为英国一时流行的游戏，这归功于曾任中国香港高等法院法官的高乐德先生。2004年，他在日本旅行时，发现了杂志上刊登的这款游戏，便带回伦敦，并向《泰晤士报》推介。

2004年11月12日，第一个数独游戏被刊登上了《泰晤士报》的封面，令该报编辑没有想到的是，作为该报每日内容的数独游戏很快风靡英国，《泰晤士报》的销量更因为刊登数独而打破销售纪录。

作为一个随手拿起纸笔就能玩的数字逻辑游戏，在欧洲到处看得到有人沉迷其中：拿着纸笔玩数独、电脑上玩数独、网络上玩数独，甚至有人拿着手机玩数独。在英国，数独不仅已发展成全民游戏，还有教师主张用它来训练学生的脑力，连报纸也靠它来刺激销量。

在媒体的推动下，数独在欧洲其他地方也同样越来越受欢迎，不少全球拼图锦标赛中都少不了数独这个项目。在美国，不只高中生中间开始流行数独的棋盘游戏，《纽约邮报》也会定期刊载数独游戏。

方格里摆几个数字，乍看之下好像没什么。但数独的有趣之处，就在于其推敲的过程以及解答出来的成就感。由于规则简单，却变化无穷，在推敲之中弱化数学计算，只需调动逻辑推理能力，所以人人都可以玩。而且容易入手、容易入迷，一玩就上瘾。只需9个九宫格，及1到9不重复的阿拉伯数字即可开始游戏，这也超越了文字的障碍，因此自从数独游戏出现后，从东方到西方，风靡亿万人。

有些人认为玩数独是他们缓解工作压力的方式；有些人认为玩数独可以使人保持头脑灵活，尤其适合老年人；也有些老师和父母觉得玩数独需要耐心、专注力和推理能力，所以拿数独当题目来给孩子练习，增进孩子的推理与逻辑能力，不得不说，这样锻炼脑力的方法真是寓教于乐。

数独在日语当中包含了“数”和“独”两重意思——极完

美地代表了当今社会的发展趋势，比起文字，人们更喜欢这个新时期的数字迷题。它是世界性的、无国界的，不需要任何翻译、解释就可以理解的。那么，如此强大以至于令各国人民乐在其中的数独到底是什么呢？本书将带给您全面、专业的解答，并且带您了解数独、玩转数独，感受数独独特的智慧魅力！

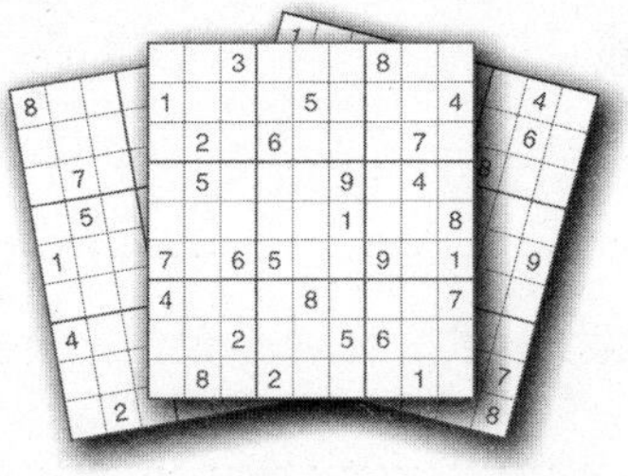

目录

CONTENTS

第一章 解密数独

360度了解数独游戏

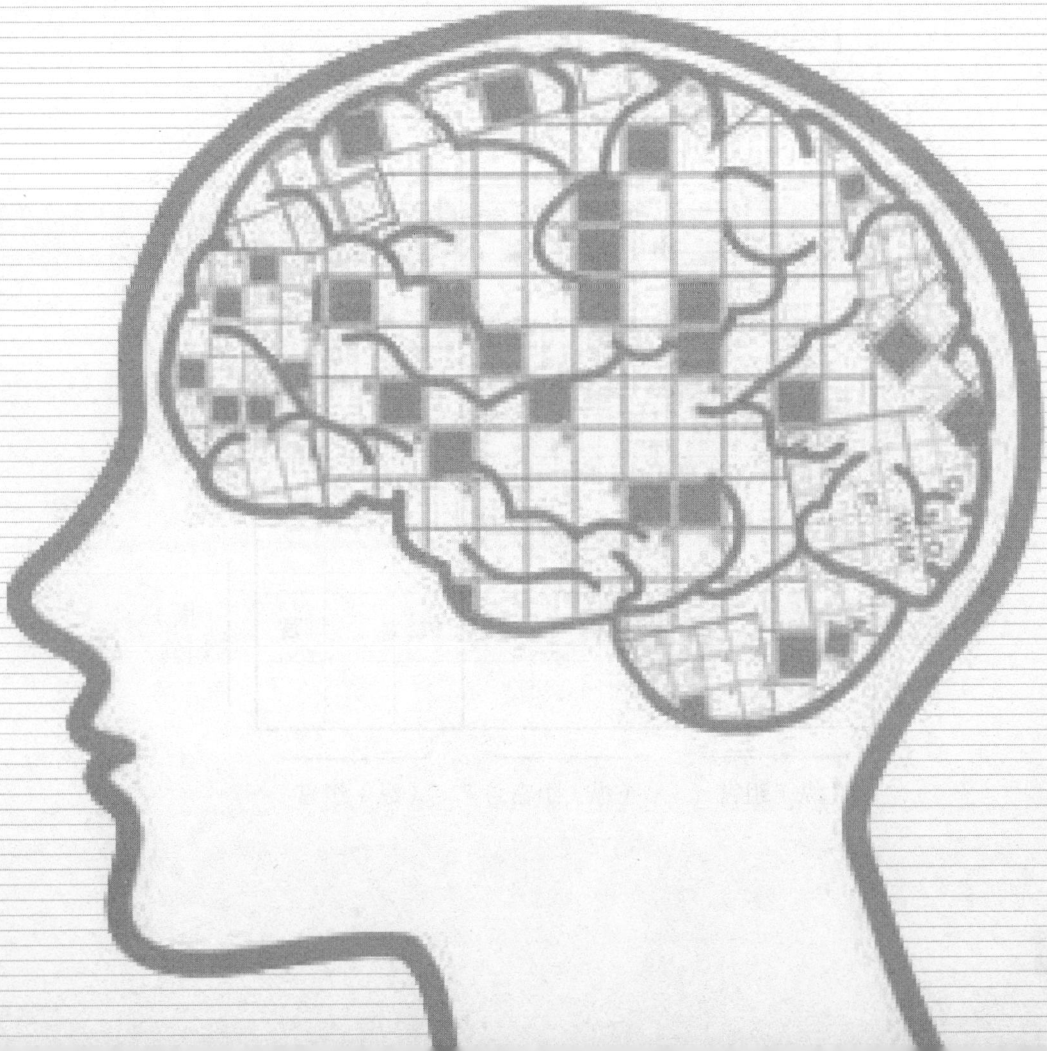

它们构成了数独

组成数独游戏的基本元素有六个，即行、列、宫、单元格、已知数、候选数。

图解数独六元素：

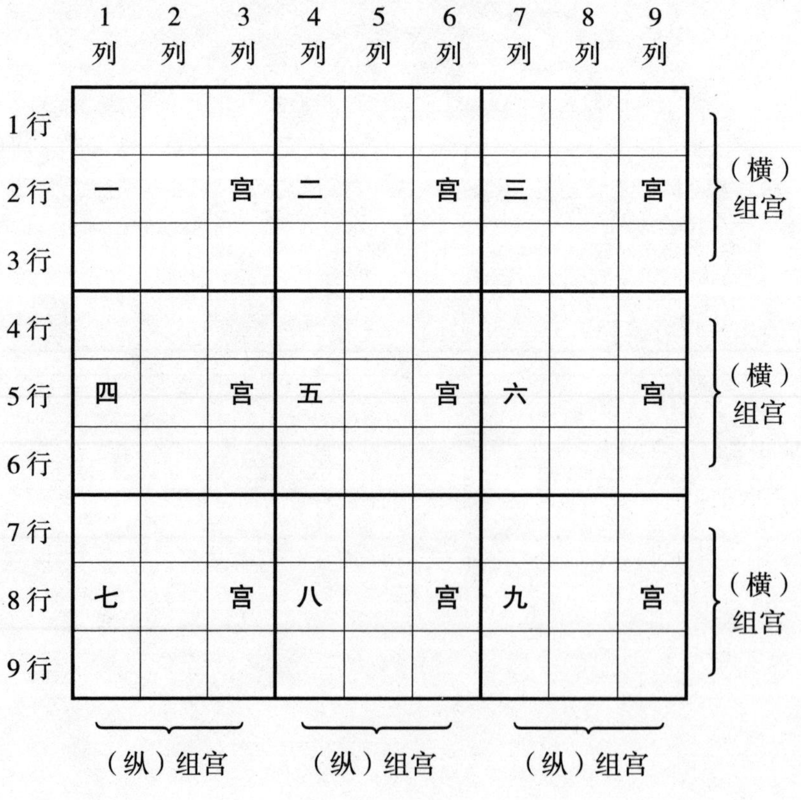

1. 行

数独方格中横向一排 9 个单元格的集合，如上图所示。

每行要填入 9 个不同数字。

2. 列

数独方格中纵向一列 9 个单元格的集合，如上图所示。

每列要填入 9 个不同数字。

3. 宫

数独方格中黑色粗线划分的区域，一般呈 3×3 的正方形，按从左到右、从上到下的顺序依次为一宫至九宫，每宫内要填入 9 个不同数字。

4. 单元格

数独方格中基本的单位，一般有 9×9 共 81 个，以从上至下顺序的行数，从左向右顺序的列数，可以标记出每个单元格的坐标位置。比如，第 4 页的数独，自上至下的第二行与左起第一列所交叉对应的位置为（2，1），单元格的数字为 4。

5. 已知数

数独初始盘面给出的数字是已知数，也叫明数。已知数的位置排列决定了数独的难度系数。

6. 候选数

每个空单元格中可以填入的数字，按数字关系可以推知候选数，并一一排除，直到剩下唯一的答案为止。

玩数独，有规则

数独的规则，总而言之就是：简单而有序。

游戏刚开始时，盘面上有些小格已经填了数字，称为初盘，游戏者要在空白的小格中填入 1~9 的数字，使得最后每行、每列、每宫都不出现重复的数字，而且每一个游戏都只有唯一的解答，称为终盘。

6	1	5		9				4
4	7	2					9	8
	3			2	6	7	1	5
		7	2	8	3	5		
3	2	4				9	8	7
		6	9	7	4	1		
8	6	1	3	4			5	
2	5					4	7	1
7				5		8	6	3

数独的规律与极限

1. 数独终盘知多少

数独的逻辑虽然简单，但是由于数字排列方式千变万化，有着无限可能，所以人们并不认为数独是个简易的小儿科游戏。数学家们在思考这样一个问题：简单的 9 个数字，到底能组成多少个不同数独呢？

现在，我们利用计算机系统检验所有可能性，才算出所有正确数独终盘的数目：6,670,903,752,021,072,936,960。

这个答案是 2005 年由 Bertram Felgenhauer 和 Frazer Jarvis 计算出的，如果将重复组合（如数字交换、对称等）剔除在外，那么有 5,472,730,538 个组合。数独终盘的组合数量都如此惊人，那么数独题目数量就更加不计其数了，因为每个数独终盘都可以用挖数的方法给出很多个不同的数独题目。

2. 未解的"最少初盘"之谜

特别要注意的是，一个完整的数独终盘，可能来自各式各样不同的初盘。还没有人知道到底有多少种不同的初盘。数学家真正感兴趣的是那些数字不能再更少的"极小初盘"。意思是说，如果从极小初盘再移走任意一个明数，该数独就不可能有唯一解。目前，没有人知道有多少个极小初盘，这个数字相当于数独游戏的真正总数一般，势必将是数学家短期之内所要挑战的问题。

另外还有一类“极小”的问题也还没有解决：在保证有唯一解的条件下，一个初盘至少需要几个数字？答案似乎是 17 个。西澳大学的罗艾尔（Gordon Royle）已经搜集了 38000 多个满足这个条件的例子，这些例子是已经化约过，不能靠换行或换列来相互转换的。

一方面，爱尔兰国立大学梅努斯校区的麦盖尔（Gary McGuire）正在彻底搜寻着，希望可以找出 16 数字初盘并且有唯一解的情形，然而到目前为止还没有什么成果，看来似乎是没有这种可能性。另一方面，罗艾尔和其他人已经各自在寻找 16 数字初盘只有两个解的情形，不过迄今也还没有找到更多的例子。

有没有人已经快要证明出 16 数字初盘不会有唯一解呢？麦盖尔认为还早，假设计算机每秒可以分析一组方阵，他说：“我们就可以在 173 年内搜寻完毕，很不幸，我们目前还做不到这一点，即使是现在的高速计算机也不行。”他认为不久之后，计算机会进步到平均每分钟可以处理一组方阵，但是即便以这种速度，也需要 10380 年才能完成搜寻。“即使分散到一万部计算机，也还需要一年的时间，”麦盖尔补上一句，“我们必须在理论上有所突破，做搜寻才比较有可能。要么我们得缩减搜寻的空间，不然就需要更棒的搜寻算则。”

数学家倒是知道最少初始数字相反问题的答案，也就是不能保证唯一解的初盘的最多数字，答案是 77。就 80、79 或 78 个数字的初盘而言，都很容易说明这些情况保证有唯一解，但是 77 个数字的初盘就无法保证了。

第二章 玩转数独

循序渐进，破解谜题

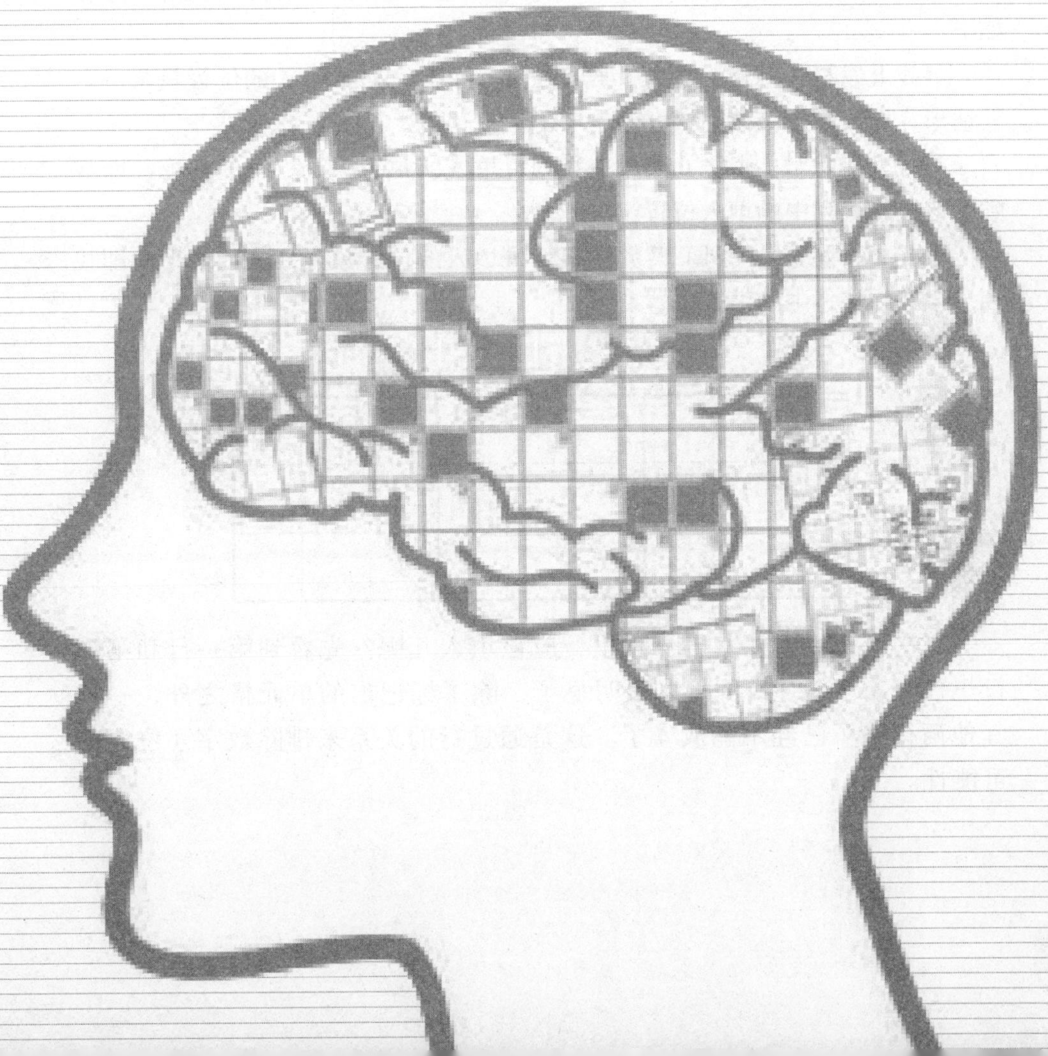

攻略一：基础摒除法

基础排除法就是利用 1~9 的数字在每一行、每一列、每一个九宫格都只能出现一次的规则进行解题的方法。

基础排除法可以分为行排除、列排除、九宫格排除。实际寻找解的过程如下：

寻找九宫格排除解：找到了某数在某一个九宫格可填入的位置只余一个的情形，即找到了该数在该九宫格中的填入位置。

寻找列排除解：找到了某数在某列可填入的位置只余一个的情形，即找到了该数在该列中的填入位置。

寻找行排除解：找到了某数在某行可填入的位置只余一个的情形，即找到了该数在该行中的填入位置。

范例一：

				4				
*	7	6						
						4		

在左边第一个九宫格一宫里，应该填入几呢？先看到第一行和第三行里已经有了数字 4，所以很明显了，除了标记出的单元格之外，一宫其他两行格子已经不能放 4 了。这是通过行的关系来排除数字 4 位置的可能性。

范例二：

2		3			
				1	
4		*			
	1				

再看看这个范例，左上角第一个九宫格里，哪个格可以填数？通过观察数字 1 所在的行和列可知，第一个九宫格内的第二行和第二列都不可填入 1，因此，1 只能填在标记格内。这是通过行列的关系进行排除。

范例三：

1	?	2	3	4		5	8	9
					7			

想想能否定下（2,2）的值？因为第二行中已有 7 个数字了，还差数字 6 和 7 没有填上，又因为第 6 列有数字 7 了，所以（2,6）不可能是 7，所以（2,2）的值为 7。

范例四：

1								
			2	3	4	5	6	?

看看这个有技术性的，想想1能放在哪里？看到第一行已经有1，所以第一行不能再放1了，就中央的九宫格的二宫而言，推出1一定是在二宫第二行中央的三格（2,4）、（2,5）、（2,6）的其中之一了，既然知道第二行的情况，那么可以先确定右方九宫格的三宫的1必然放在格子（3,9）的位置了。

攻略二：单元摒除法

单元排除法是在基础排除法之上的应用，着眼点更为宏观。如下图中疑问格的数值，就要参考其他单元的数据情况。

				4	5	1		
?	8							
		9		1				
4								
5								

先看第一行和第三行都有数字1,所以一宫里只有（2,1）、（2,3）能填上数字1了；再看第一行和第一列都有数字4、5,所以一宫的第一行和第一列都不能填上数字4、5了，从而仅剩（2,3）和（3,2）两个格可以填数，即一个是填4,另一个是填5，所以（2,1）就一定是1了。

攻略三：特定假设法

假设是科学研究中常用的一种思维方法。通过假设可以使复杂的问题简单化，使所求的问题明朗化，这样我们就可以更快地找到解决问题的突破口了。但要注意的是，最后一定要去掉假设的成分，得到正确答案。

数独中的假设法，是对给定的问题，先作一个或一些假设，然后根据已给的条件进行分析，如果出现与题目给的条件有矛盾的情况，说明假设错误，可再作另一个或另一些假设。

范例：

4	5	7		3	1		9	
9	3	2	5			1		
1	8	6	9				5	3
7	1	9	8	4	2	3	6	5
5	2	3		1				
8	6	4	3	5			1	
3	4	8	1	6	5	9		
6	9	1				5	3	4
2	7	5	4	9	3	6	8	1

用之前所讲的基础摒除法和排除法可以将这道数独进行到这种局面，直到再也没有对应数字可以进行排除了。

4	5	7		3	1		9	
9	3	2	5			1	2	
1	8	6	9				5	3
7	1	9	8	4	2	3	6	5
5	2	3		1				
8	6	4	3	5		2	1	
3	4	8	1	6	5	9	7	2
6	9	1				5	3	4
2	7	5	4	9	3	6	8	1

九宫（7,8）、（7,9）两格为 2、7 两数，但还不能定位，假设（7,8）格为 7，推出（7,9）为 2，再推出（6,7）为 2，再推出（2,8）为 2，这样与原来的第二行中的（2,3）为 2 相矛盾，所以假设（7,8）格为 7 是不正确的，所以（7,8）格为 2，从而（7,9）格为 7。

攻略四：候选数法

使用候选数法解数独题目需先建立候选数列表，根据各种条件，逐步安全地清除每个宫格候选数中不可能取值的候选数，从而达到解题的目的。

使用候选数法一般能解答比较复杂的数独题目，但是候选数法的使用没有直观法那么直接，需要先建立一个候选数列表的准备过程。所以实际使用时可以先利用直观法进行解题，到无法用直观法解题时再使用候选数方法解题。

候选数法解题的过程就是逐步排除不合适的候选数的过程，所以在进行候选数删除的时候一定要小心，确定安全地删除不合适的候选数，否则，很多时候只有重新做题了。有了计算机软件的帮助，使得候选数表的维护变得轻松起来。

我们用候选数法解一下这个数独。

	7						3	
4			3		2			8
1		8				7		2
	4		5		3		9	
9		3				5		7
	2		4		7		8	
	1		6		9		7	
7		6				8		5
	8		7		5		6	

根据每列所给出的数字以及每个小九宫的情况，可以标出每个单元格内可候选的数字，然后在候选数的范围里推理正确的答案。

256	7	259	189		1468	1469	3	1469
4	569	59	3		2	169	15	8
1	3569	8	9		46	7	45	2
68	4	17	5		3	126	9	16
9	6	3	128		1468	5	124	7
56	2	15	4		7	136	8	136
235	1	245	6		9	234	7	34
7	39	6	12		14	8	124	5
23	8	249	7		5	12349	6	1349

按先易后难的顺序逐个确定候选数，观察后可以发现，之间偏左的宫格内候选数较少，我们就从第一列第二个九宫开始。

68	4	17
9	6	3
56	2	15

中间的 6 因为只有一个候选数，所以可以直接确定。而 6 一旦得以确定，那其他单元格中的候选数 6 就可以被排除，左上和左下的单元格也随即可以确定数字——8 和 5。右边两个未知的单元格也可以通过排除候选数 5 和 1 来确定最终得数。最终结果为：

8	4	7
9	6	3
5	2	1

将这个宫格的成果带回数独里，可以根据数字关系，进一步减少候选数的数量，如下图：

26	7	259	189		1468	1469	3	1469
4	59	59	3		2	169	15	8
1	359	8	9		46	7	45	2
8	4	7	5		3	126	9	16
9	6	3	128		1468	5	124	7
5	2	1	4		7	36	8	36
23	1	245	6		9	234	7	34
7	39	6	12		14	8	124	5
23	8	249	7		5	12349	6	1349

候选数经过简化，又多出两条线索，左上灰底单元格，在其宫格内，只有这一格有3，所以此格可以确定为3。同理，左下灰底格内，可以确定宫内独有的候选数5。

这样看来，左上方的一宫中第二行中后两个空格都只可能是5和9，那么5和9就不可能出现在其他位置。于是在2、5、9三个候选中确定了2，在2和6中确定了6。对于左下的宫格，中间这列的上方已经有了3，所以3和9的候选就只剩下9了，而（9，3）这个单元格里的9和2也可被删除，确定为4。

经过这一轮的筛选，数独可进一步的简化：

6	7	2	189		1468	1469	3	1469
4	59	59	3		2	169	15	8
1	3	8	9		46	7	45	2
8	4	7	5		3	126	9	16
9	6	3	128		1468	5	124	7
5	2	1	4		7	36	8	36
23	1	5	6		9	234	7	34
7	9	6	12		14	8	124	5
23	8	4	7		5	12349	6	1349

按照同样的方法，你能把右边的候选数一一确认吗？

附最终答案于下，看看你是否做对了：

6	7	2	8	5	1	9	3	4
4	5	9	3	7	2	6	1	8
1	3	8	9	4	6	7	5	2
8	4	7	5	6	3	2	9	1
9	6	3	2	1	8	5	4	7
5	2	1	4	9	7	3	8	6
2	1	5	6	8	9	4	7	3
7	9	6	1	3	4	8	2	5
3	8	4	7	2	5	1	6	9

攻略五：唯一候选数法

依照候选数表的制作规则，我们可以知道：可以填入某一个宫格的数字，一定会列于该宫格的候选数中；不在候选数中的数字，就不能填入该宫格中。

所以如果在候选数表中发现某一个宫格的候选数仅有1个数字，那就是表示：不必再考虑了！这个宫格就是只能填入这个数字啦！如果填入别的数字，就会违反数独的填制规则。

利用找出候选数表中，候选数仅有1个数字的宫格并填入该候选数的方法就叫作唯一候选数法。

23679	3679	2367	347	4679	347	5	12468	12468
4	367	2367	357	1	8	7	9	26
5679	1	8	457	45679	2	47	46	3
78	78	9	2	47	6	3	5	148
2368	4	236	135	5	135	189	7	1689
367	5	1	8	47	9	2	46	46
1	78	47	9	24578	457	6	3	2458
89	2	4	6	3	145	1489	148	7
36789	36789	5	147	2478	147	1489	1248	12489

上图是按照候选数法完成的候选数表，其中有好几个宫格的候选数都只有1个，所以可以利用唯一候选数法来进行填制。但不必急着填数，先来找找看，有哪些宫格有唯一候选数？

1. 在（2,7）有唯一候选数7；

2. 在（5,5）有唯一候选数5；

3. 在（8,3）有唯一候选数4。

这3个宫格中可以填入他们的唯一候选数吧，填制结果如下图：

23679	3679	2367	347	4679	347	5	12468	12468
4	367	2367	357	1	8	7	9	26
5679	1	8	457	45679	2	47	46	3
78	78	9	2	47	6	3	5	148
2368	4	236	135	5	135	189	7	1689
367	5	1	8	47	9	2	46	46
1	78	47	9	24578	457	6	3	2458
89	2	4	6	3	145	1489	148	7
36789	36789	5	147	2478	147	1489	1248	12489

又有唯一候选数出现了，没错，一般简易级的数独谜题，如果使用直观式的唯一解法及摒除法来解题，即使是数独老手，也要花费相当的工夫才能完成；但是如果采用唯一候选数法，从候选数表制作完成开始，唯一候选数将一个一个接连不断地出现，轻轻松松就可以完成解题了。

攻略六：隐性唯一候选数法

如果某个数字在某一列各宫格的候选数中只出现一次时，那就是表示此宫格非这个数莫属啦！虽然这个宫格的候选数可能不止一个，表示它似乎还有可能填入别的数字，但如果在本宫格填入其他数字的话，因为本列中其他宫格的候选数中，都没有这个数字存在，表示其他宫格都不能填入这个数字，那么这个数字就将在本列中缺席了，这是违反数独的填制规则的。

同样的道理，如果某个数字在某一行各宫格的候选数中只出现一次时，出现这个数字的宫格也只能填入本数字了；当然，如果某个数字在某一个九宫格的各宫格候选数中只出现一次，出现这个数字的宫格也将只能填入本数字了。

找出某一行、某一列或某一个九宫格各个宫格候选数中只出现一次的数字，并将该数字填入出现这个数字的宫格中的方法就叫作隐性唯一候选数法。

14	12	1246	1346	5	168	1469	134	7
3	7	9	146	2	16	1456	145	8
145	8	146	13467	167	9	1456	2	136
2	19	148	5	1689	168	3	7	169
178	139	1378	2	16789	4	1569	158	169
178	6	5	179	1789	3	129	18	4
157	4	1237	8	167	12567	127	9	123
9	123	1237	17	4	127	8	6	5
6	125	1278	179	3	1257	1247	14	12

注意（1,6）这个宫格，其中已标出 1、6、8 三个候选数，但观察其所在行其他宫格中的候选数，会发现其他宫格的候选数中并没有数字 8。候选数已经列出了数独答案的所有可能，因此，（1,6）填入的一定是 8。

按照这种方法，还可以找出 15 个隐性唯一候选数。

隐性唯一候选数和唯一候选数一样，常常会一个接着一个地接连出现，但是唯一候选数出现时十分显眼，一眼即可看出，而隐性唯一候选数出现时，并不显眼，必须以耐心、细心慢慢比对，才能得出。所以如果出现唯一候选数时，除非你是存心要磨炼自己的耐心，就千万不要执着地寻找隐性唯一候选数了，直接运用唯一候选数来填入数字就好了；真的没有唯一候选数出现时，不得已才要运用到隐性唯一候选数法。

攻略七：区块删减法

如果唯一候选数没有那么容易判断出来，那就只能使用删除法来减少候选数的数量。

5	2	467	147	8	3	16	9	16
369	1369	346	5	2	14	7	368	1368
8	13	37	9	17	6	5	2	4
26	4	568	78	3	79	269	1	56
1	36	9	2	4	5	8	36	7
23	7	358	18	6	19	239	4	35
4	5	2	3	17	8	16	67	9
3679	369	1	47	5	2	346	3678	368
37	8	37	6	9	147	134	5	2

如上图，请观察第 9 列：数字 1 在本列各宫格的候选数中，是不是仅出现在（1,9）~（3,9）的这一个区块中？太好了，区块删减的条件已有了。因为这表示第 9 列的数字 1 只能填在（1,9）~（3,9）的这一个区块中，而不论填在本区块的哪一个宫格中，上右九宫格的其他宫格将因本九宫格已出现数字 1，而不得再填入 1，否则就会违反数独填制的规则。所以（1,7）~（3,7）及（1,8）~（3,8）这两个区块的宫格，如果其候选数中包含有数字 1，就可以毫不考虑地把它删除掉，因为候选数的意义是可能填入该宫格的数字，而 1 已不可能再用来填入其他宫格中了。

这样一来，由于（1,7）的候选数中包含有数字 1，所以可以把（1,7）的候选数由 1、6 删减成 6，于是可用唯一候选数法来填入下一个解了。

当区块删减法的条件成立时，可别高兴得太早，因为很有可能找不到可删减的数字。例如，上图中的第 1 列中，虽然数字 2 在本列的各宫格候选数中，仅出现在（4,1）~（6,1）这一个区块中，但不论数字 2 将来会被填到本区块的哪一个宫格中，将使得数字 2 不得再填入（4,2）~（6,2）及（4,3）~（6,3）这两个区块中。但请找找看，这两个区块各宫格的候选数中全部没有数字 2，所以是白忙了一场。即便条件是成立了，但候选数并未因此而得到删减。

可以从上面的例子总结出区块删减法的几点用法：

1. 当某一个数字只出现在某行的某一个区块候选数中时，就可以把该数字自包含该区块的九宫格之其他区块候选数中删减掉。

2. 同理，当某一个数字只出现在某行的某一个区块候选数中时，就可以把该数字自包含该区块的九宫格之其他区块候选数中删减掉。

3. 同理，当某一个数字只出现在某个九宫格的某一个区块候选数中时，就可以把该数字自包含该区块的行或行之其他区块候选数中删减掉。

攻略八：数对删减法

数对删减法是指找出某一行、某一列或某一个九宫格中某两个宫格候选数恰为某个数对的情形，并将该数对从其他宫格候选数中删减掉的方法。

2	9	13	1357	8	1567	4567	1467	1456
5	4	138	1237	1369	12679	26789	126789	169
6	7	18	125	19	4	3	1289	159
17	1256	4	1278	19	3	25689	2689	569
8	1236	9	124	5	12	246	2346	7
37	235	2357	6	49	2789	1	23489	3459
1347	1358	6	9	2	158	47	1347	134
13479	1358	13578	13458	1346	1568	4679	134679	2
1349	123	123	134	7	16	469	5	8

请看上图，（3,5）和（4,5）的候选数都恰为 1、9 两个数字，这时数对删减法的条件已成立了。这表示第 5 列的数字 1 和 9 将只能填到这两个宫格中了。因为如果数字 1 将填入（3,5），那么（4,5）就一定要填入数字 9；反之，如果数字 9 将填入（3,5），那么（4,5）就一定要填入数字 1；不论哪一个状况出现，第 5 列的数字 1、9 都已出现，所以不得再填入本列的其他宫格；否则就违反数独填制的规则了。

所以除了这两个宫格外，如果其他宫格的候选数中包含有数字 1、9，就可以毫不考虑地把它删减掉，因为候选数的意义是可能填入该宫格的数字，而这两个数字已不可能再用来填入本行的其他宫格中了。(2,5)、(6,5)、(8,5)的候选数中都包含有数字1或9，所以可以排除这三个宫格内填入1或9的可能性，其中(6,5)的候选数由4、9删减成4，于是可用唯一候选数法来填入下一个解了。

攻略九：隐性数对删减法

找出某个数对仅出现在某行、某列或某一个九宫格的某两个宫格候选数中的情形，进而将这两个宫格的候选数删减成该数对的方法就叫作隐性数对删减法。

13467	1356	9	147	8	125	3467	247	2347
14678	1568	14578	147	2457	3	467	24789	24789
3478	38	2	6	47	9	347	1	5
1278	128	6	5	9	128	147	3	12478
9	12358	13578	1348	24	128	1457	24578	6
1238	4	1358	138	6	7	9	258	128
5	7	18	89	3	4	2	6	19
13468	13689	1348	2	57	568	13457	4579	13479
2346	2369	34	79	1	56	8	4579	3479

请看上图中的右上九宫格，数字8、9都只出现在(2,8)和(2,9)这两个宫格的候选数中；这时隐性数对删减法的条件已成立了。这表示上右九宫格的数字8和9将只能填到这两个宫格中，而且如果数字8将填入(2,8)，那么(2,9)就一定要填入数字9；反之，如果数字9将填入(2,8)，那么(2,9)就一定要填入数字8；不论哪一个状况出现，(2,8)和(2,9)这两个宫格的候选数中若还有其他数字，就全部是多余无用的，因为这两个宫格若填入数字8、9以外的数字，那么上右九宫格的数字8或9就将无处可填了。候选

数的意义是可能填入该宫格的数字，而这两个数字以外的数字已不可能再用来填入本宫格中了，所以可以毫不考虑地把其他宫格内的 8 和 9 删减掉。当（2,8）和（2,9）这两个宫格的候选数都安全地删减成数字 8、9 之后，（2,5）出现了列隐性唯一候选数 2，于是可用隐性唯一候选数法来填入下一个解了。

与数对删减法类似，当某个数对仅出现在某个九宫格（某行或某列）的某两个宫格候选数中时，就可以把这两个宫格的候选数删减成该数对。只不过除了这个数对外还有别的候选数，所以这个数对就成了隐性的。

攻略十：三链数删减法

找出某一列、某一行或某一个九宫格中的某三个宫格候选数中，相异的数字不超过 3 个的情形，进而将这 3 个数字从其他宫格的候选数中删减掉的方法就叫作三链数删减法。

三链数删减法的原理如下面图示：

	12			23		13		

候选数（12），（23），（13）构成三链数，说明 1、2、3 这三个数只能出现在所在行的这三个宫格，那么本行其他宫格就可以删除这 3 个候选数了。这是三链数发生在行的情况。

						12		
							23	
								13

候选数（12），（23），（13）构成三链数，说明 1、2、3 这三个数在这个九宫格内只能出现在此三个宫格，那么本九宫格其他宫格就可以删除这 3 个候选数了。这是三链数发生在九宫格的情况（见上图）。

三链数是数对的扩展，我们再对上面的三链数进行扩展，得到上边的特殊的三链数，只要保证在 3 个宫格内，其包含的候选数只有 3 个不同的数字，就都符合我们的要求，比如（123,123,123）、（12,12,123）都符合要求。

我们进一步再扩充，发现只要在N个宫格内，其包含的候选数也恰恰最多只由这N个数组成，那么处理和三链数是相同的道理，这样就形成了四链数，比如（12,23,34,14）、（123,123,14,1234）等。

甚至可以扩充到五链数、七链数（虽然在实际解题中作用不大了）。平时我们用到最多的就是三链数、四链数了。

2	4	379	13567	15679	8	179	179	17
1	5	8	27	279	79	4	3	6
39	6	379	137	1479	479	8	5	2
6	9	5	8	3	2	17	17	4
8	137	1237	567	4567	467	12367	1267	9
4	37	237	9	67	1	2367	8	5
39	13	4	1267	8	679	5	12679	17
5	2	169	167	1679	3	1679	4	8
7	8	169	4	1269	5	1269	1269	3

在上图中含灰底的九宫格，我们看到第二行（27,279,79）形成三链数，则本九宫格其他宫格就可以去除候选数2、7、9，这样就得到（3,6）=4。

攻略十一：隐性三链数删减法

隐性三链数是从隐性数对发展而来的。如在某行，存在三个数字仅出现在某三个宫格内，在本行的其他宫格均不包含这三个数字，我们称这个数对是隐性三链数。那么这三个宫格的候选数中的其他数字都可以排除。

隐性三链数出现在列或是某个九宫格内的处理方法与出现在某一行中的处理方法是完全相同的。

我们进一步扩充，在某行（列，九宫格），存在N个数字出现在相同的宫格内，在本行的其他宫格均不包含这N个数字，我们称这个数对是隐形N

链数。那么这N个宫格的候选数中的其他数字都可以排除。

在下图中，中间九宫格，候选数2、5、9仅出现在标记出的（5,4）、（5,6）、（6,4）形成隐性三链数，所以在这三个宫格里可以排除其他候选数，得到（6,4）=9。

168	2	5	168	368	9	348	7	348
3	7	68	4	568	56	9	2	1
189	4	189	128	2378	127	5	6	38
5	136	1369	7	468	46	2	148	4689
469	8	7	2569	1	2456	46	3	469
1469	16	2	689	468	3	7	148	5
1268	9	1368	126	2467	12467	3468	5	34678
7	136	4	156	56	8	36	9	2
268	5	68	3	9	2467	1	48	4678

第三章 拓展数独

数独的变形与自制

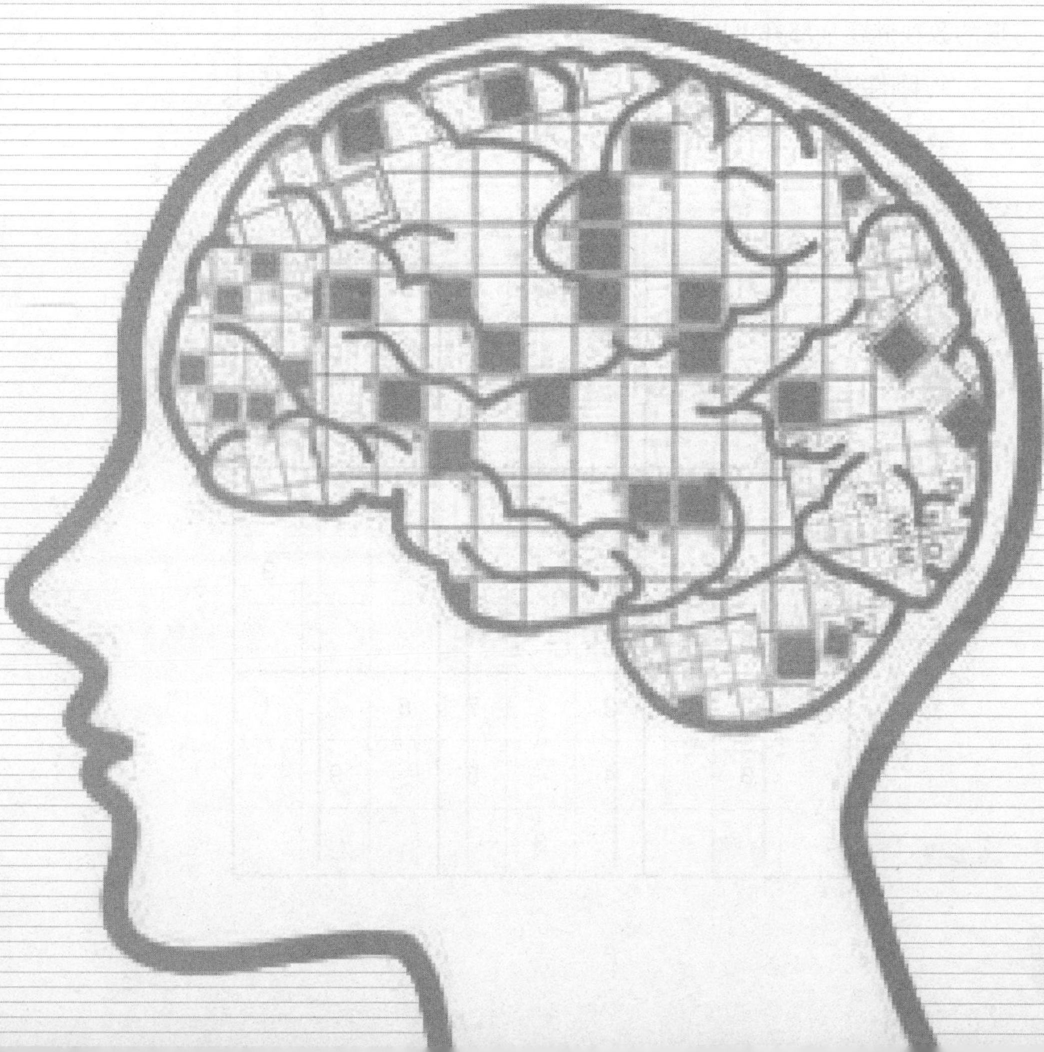

数独的变形

数独谜题若经过适当的变形，可以让人无法轻易分辨出本尊及它们的分身。但无论是本尊或分身，所需的解谜技巧及步骤可以说是完全相同的，所以虽然经变形之后，或许令人感觉已面目全非，让人不敢相认，但这些经变形的数独谜题全部都可以看成一样的。

1. 刚性变形

最简单的变形技巧是刚性变形，可以分成旋转和镜射两大类。

旋转变化

原始数独

				5				
	7		3		4		5	
6		2	9		8	3		4
					9		8	
7		3		4		5		9
	2		7					
4		5	2		7	8		1
	3		4		5		9	
				3				

向右旋转 90 度，注意第一行的数字 5 到了最右面的那一列（如下图）。

		4		7		6		
	3		2				7	
		5		3		2		
	4	2	7			9	3	
3				4				5
	5	7			9	8	4	
		8		5		3		
	9				8		5	
		1		9		4		

将原始数独旋转了 180 度，首行的 5 到了尾行（如下图）。

				3				
	9		5		4		3	
1		8	7		2	5		4
					7		2	
9		5		4		3		7
	8		9					
4		3	8		9	2		
	5		4		3		7	6
				5				

镜像变化

原始数独

				5				
	7		3		4		5	
6		2	9		8	3		4
					9		8	
7		3		4		5		9
	2		7					
4		5	2		7	8		1
	3		4		5		9	
				3				

水平镜像——以第五行为轴，将数独做一翻转，原来左边的数字到了右边，但不影响互相的数量关系（如下图）。

				5				
	5		4		3		7	
4		3	8		9	2		6
	8		9					
9		5		4		3		7
					7		2	
1		8	7		2	5		4
	9		5		4		3	
				3				

左向镜像——形成镜像，同时向左翻转 90 度（如下图）。

		6		7		4		
	7				2		3	
		2		3		5		
	3	9			7	2	4	
5				4				3
	4	8	9			7	5	
		3		5		8		
	5		8				9	
		4		9		1		

刚性变形的结果，因为各数字间的相对位置并无改变，所以可以很容易地辨认出本尊和各分身的关联。

2. 区块调整变形

将横向 3 个一组九宫格所组成的区块同时做上下的调整，因为各宫格所在的位置仅是在同一行中改变了列位置，所属之列及九宫格各数字间的相对位置都没有改变，所以解题所需技巧并没有受到影响。

原始数独

				5				
	7		3		4		5	
6		2	9		8	3		4
					9		8	
7		3		4		5		9
	2		7					
4		5	2		7	8		1
	3		4		5		9	
				3				

将原始数独的上方区块和下方区块互调所成的数独（如下图）。

4		5	2		7	8		1
	3		4		5		9	
				3				
					9		8	
7		3		4		5		9
	2		7					
				5				
	7		3		4		5	
6		2	9		8	3		4

同理，也可将纵向三个一组九宫格所组成的区块做左右的调整（如下图）。

							5	
	7			5		3		4
6		2	3		4	9		8
				8				9
7		3	5		9		4	
	2					7		
4		5	8		1	2		7
	3			9		4		5
							3	

3. 行列调整变形

原始的数独谜题经过区块调整变形后，除了对数独的变形有相当认识者，实在已不敢让各分身和本尊相认了。仔细观察就可发现：各九宫格的相对位置虽然已然不同，但每个九宫格中数字的相关位置却仍是一样的。本节的内容就让数独变得更难以分辨。

原始数独

				5				
	7		3		4		5	
6		2	9		8	3		4
					9		8	
7		3		4		5		9
	2		7					
4		5	2		7	8		1
	3		4		5		9	
				3				

若将同一个横向区块中的各行做上下的调整，因为各宫格所处的九宫格及行、列并没有改变，仅是相对位置不同而已，所以解题所需技巧并不会受到影响。

下图为将原始数独的第1、2行互调以及第7、9行互调所成的数独：

	7		3		4		5	
				5				
6		2	9		8	3		4
					9		8	
7		3		4		5		9
	2		7					
				3				
	3		4		5		9	
4		5	2		7	8		1

同理，也可将同一个纵向区块中的各列做左右的调整。

将原始数独的第 1、2 列互调以及第 7、9 列互调所成的数独：

				5				
7			3		4		5	
	6	2	9		8	4		3
					9		8	
	7	3		4		9		5
2			7					
	4	5	2		7	1		8
3			4		5		9	
				3				

如果觉得这样做之后本尊和分身仍太相像，那么就同时运用上下及左右调整来个大搬家吧！

先将原始数独的第 1、2 行互调以及第 7、9 行互调，接着再将第 1、2 列互调以及第 7、9 列互调所成的数独：

7			3		4		5	
				5				
	6	2	9		8	4		3
					9		8	
	7	3		4		9		5
2			7					
				3				
3			4		5		9	
	4	5	2		7	1		8

4. 综合调整变形

如果还不满意就同时应用区块调整变形及行列调整变形试试吧！下面这两个数独谜题就是这样造出来的，你可以指出它们是做了哪些细微的调整吗？

		3			9	4	5	
4	5		8	1		2	7	
								3
7	3		5	9				4
					8		9	
		2				7		
		7			5	3	4	
								5
6	2		3	4		9	8	

在上面的介绍中，并没有提到数独谜题的一个很大特性：所有的数独谜题都是点对称的。所以在实际应用时，为了保存数独谜题的这一个特性，我们要注意以下两点：

（1）在做区块调整变形时，不可变动中央区块。

（2）在做区块行列调整变形时，不可变动中央行或中央列；且当上方区块做列调整变形时，下方区块也要做对应列的调整变形；当左方区块做行调整变形时，右方区块也要做对应行的调整变形。

数独 DIY 指南

1. 制作数独终盘

现在，我们对数独已经有了十分全面的了解，做起数独来肯定也已经游刃有余。但做别人出的数独是一种乐趣，而自己制作一个数独更是一种特别的体验。

想制作数独，就要先设计出九宫图。作为数独母体的九宫图，本身就蕴含着很多数字玄机。九宫图中的数字看似散乱，不过这种散乱中却有着不可违抗的规则，人们不可能随意地填入数字就做出一个九宫图来。下面就简单介绍一下制作九宫图的步骤。

首先将九宫图分为九宫，如下图：

	一			二			三	
	四			五			六	
	七			八			九	

然后开始往里面填数，从一宫开始：

3	1	4
8	9	6
2	5	7

第一宫是首填的宫，没有什么数字限制，9 个数字可以任意填写。

第二宫的数字排列规则是：

（1）第一行必须由一宫的第二、三行的数字组成；

（2）第二行必须由一宫的第一、三行的数字组成；

（3）第三行必须由一宫的第一、二行的数字组成。

按这种不同行填数的规则，其实还是包含了较多的随意性。二宫可以填数如下：

3	1	4	9	7	6
8	9	6	4	2	5
2	5	7	3	8	1

然后再填与一宫相近的四宫，规则与上面二宫的规则相似：

（1）第一列必须由一宫的第二、三列的数字组成；

（2）第二列必须由一宫的第一、三列的数字组成；

（3）第三列必须由一宫的第一、二列的数字组成。

依此规则，可以填出四宫的9个数字：

3	1	4	9	7	6
8	9	6	4	2	5
2	5	7	3	8	1
4	3	1			
6	2	5			
9	7	8			

五宫处于九宫图的中央，它受到的制约比较多，但还是有一定的选择性。在二、四宫的制约下，使数列尽量保持多样性的变化，五宫的数字也不难填出：

3	1	4	9	7	6
8	9	6	4	2	5
2	5	7	3	8	1
4	3	1	8	5	9
6	2	5	7	3	4
9	7	8	6	1	2

越往后填，选择的余地越小，比如知道了一、四宫，可以推知七宫的候选数字：

3	1	4
8	9	6
2	5	7
4	3	1
6	2	5
9	7	8
157	468	239

从左向右按列排列数字，可得七宫的填数：

3	1	4
8	9	6
2	5	7
4	3	1
6	2	5
9	7	8
1	6	3
7	4	9
5	8	2

3	1	4	9	7	6	258		
8	9	6	4	2	5	137		
2	5	7	3	8	1	469		
4	3	1	8	5	9			
6	2	5	7	3	4			
9	7	8	6	1	2			
1	6	3	2	9	8			
7	4	9	5	6	3			
5	8	2	1	4	7			

按行填的数字也按同样规则三宫第一行填数为 2、8、5，这就奠定了右三列的数字基调。以此类推，可填满整个九宫：

3	1	4	9	7	6	2	8	5
8	9	6	4	2	5	3	1	7
2	5	7	3	8	1	6	4	9
4	3	1	8	5	9	7	6	2
6	2	5	7	3	4	1	9	8
9	7	8	6	1	2	4	5	3
1	6	3	2	9	8	5	7	4
7	4	9	5	6	3	8	2	1
5	8	2	1	4	7	9	3	6

制作完一个九宫图，你会发现一宫完全是依据作者的意愿安排的，而越往后，就越受限制，随意性也降低。而这种束缚与随意的结合，正是设计九宫图的乐趣所在。

2. 标注连环数

制作好一个九宫图之后，相当于完成了一个数独的答案。在此基础上保留一定数量的数字，就可以做出一个数独了。

有一条简单的规则在数独的制作中是必须遵守的：每个数独的答案都要是唯一的。为了遵守这条规则，需要找出九宫图中所有的连环数。

如下图中灰格标出的那样，第一行的 2 和 8 与第八行的 2 和 8 处在相同的两个纵行，这就是连环数。如果这四个数字都被隐去，那就很难依据别的数字关系来推测 2 和 8 的相对位置了。所以在找到连环数之后，就要在每组连环数中，选择标出一个明数，这样就可以破解题目中的连环套了。

3	1	4	9	7	6	2	8	5
8	9	6	4	2	5	3	1	7
2	5	7	3	8	1	6	4	9
4	3	1	8	5	9	7	6	2
6	2	5	7	3	4	1	9	8
9	7	8	6	1	2	4	5	3
1	6	3	2	9	8	5	7	4
7	4	9	5	6	3	8	2	1
5	8	2	1	4	7	9	3	6

3. 提取数字

解决了连环数的问题后，就可以排列明数了。对明数的巧妙布局，能给解题运用留下多样式或综合式的逻辑空间，这是数独制作者需要精心构思的。

数独制作也有一定的步骤：

（1）标出大约十多个连环数；

（2）按照设想增加其他明数；

（3）根据题目难度的要求，调整明数的布局；

（4）通过自我解题来检验数独。

通过以上步骤，即可得到最终的数独：

		4			6		8	
	9				5	3		7
2					1			9
	3		8		9		6	
		5			4	1		
	7				2		5	
1			2					4
7		9	5				2	
	8		1			9		

第四章 享受数独

精选数独题目

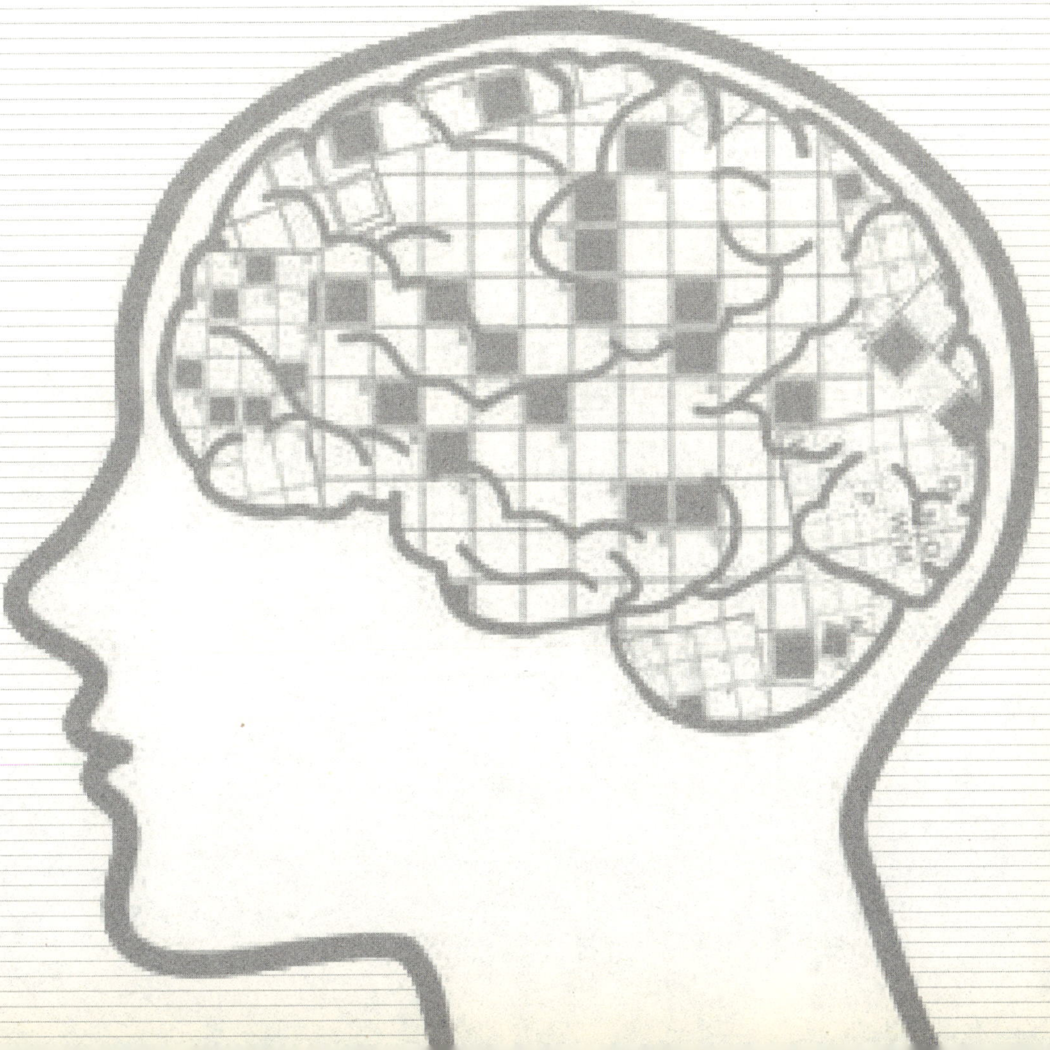

轻松入门

001.

7	1				5			6
		9	2	6			3	4
		2	9			8		
5				4		6	2	
1			7		3			9
	8	3		5				7
		5			8	3		
4	3			7	2	9		
9			4				5	1

168[①]

002.

	1				7	5	4	
4			8	5				7
6		5		3		1		
7			5		6		3	
	2	4				8	6	
	8		1		2			9
		9		7		4		5
8				1	9			6
	4	3	6				7	

168

① 跟随钥匙所指页码，一同探索题目答案。

003.

9		2		7		8		
		4			9		6	
1	3		5					2
4			8	5			1	
	8	9	4		1	6	7	
	1			3	6			8
8					2		3	6
	5		6			9		
		7		4		2		1

168

004.

	2	8	5		4	1	7	
6	4			2			5	3
1				9				8
8				1				5
	1	3	7		2	6	4	
4				6				2
2				5				7
7	9			4			8	1
	5	1	8		6	2	9	

168

005.

1	6				7			4
		2		8				3
		7	4		9	6	1	
6		8		9		1		
	4		7		5		6	
		5		2		3		9
	3	6	1		8	5		
2				7		4		
5			9				3	1

168

006.

	6		7		3		1	
5		2		4		7		9
	3		5		1		4	
8		1		5		3		2
	2		9		8		5	
6		9		3		1		4
	4		1		9		7	
1		7		6		4		8
	8		4		2		6	

168

007.

		3			5	7		
	1			7			2	
5			2		9			1
6		1			8	5		
	8			5			9	
		7	6			8		2
8			9		1			3
	4			3			1	
		2	4			6		

169

008.

	9	4	5			3	6	
6				3				9
2					6			8
		7	4		5			2
	8			2			1	
3			9		1	7		
7			6					3
5				4				7
	3	9			8	4	2	

169

009.

	5	4	1		2	9	6	
1				8				5
7				3				2
3				6				7
	2	8	7		3	1	5	
4				1				8
9				5				1
5				2				4
	1	3	4		8	5	7	

169

010.

4		2				5		7
3		7			2	4		1
		6	5			9		
9	2		6		4		7	8
		3		5		1		
1			9		3			6
		4			9	8		
	7		3				2	
6		1				7		3

169

011.

1	7				5		3	4
2			6					9
4	9		1		8		7	2
		9		4		5		
6	8						4	3
		1		2		7		
7			9		3			5
9					1			6
	6		4				1	

169

012.

		8			2	4		
	6			5			7	
		7	8	3		2		
		4			3	9		
2	7			1			4	3
1			9					5
8				6	5			2
	9			2			3	
3		6	7			5		4

169

013.

2					1	7		8
4	1			6			5	2
3		8	4					1
1					4	6		
	8			5			1	
		5	6					7
7					5	1		6
5	6			4			9	3
8		1	9					4

170

014.

		8	5				4	3
		6				8		
5				4	6	1	7	
		4		2		9		
3								5
2		5		1		4		8
	3	2	7	8				6
		1				7		
9	8				4	3		

170

015.

	6				3		7	4
2	4				1		5	
3			2		5		8	1
			9	5				
5	8						9	7
		9		8	4	1		
7	3		4		8			9
	5		1				4	6
9	1		5				3	

170

016.

			2		9	5		
2			3		8	4	7	
	7	8					9	
6			5		7	9		
	2			9			1	
		7	6		1			4
	8					1	3	
	3	5	1		4			7
		1	9		2			

170

017.

	8			5			2	3
	5							
6		3	4		9	5		7
		4	5		2	6		
5		1		8		3		2
		2	1		6	8		
9		8	7		5	2		4
							6	
2	3			4			5	

170

018.

	2						4	
		5	2					7
9	7		1		4	8	5	
	3	7		6		5	8	
4		8	3		1	6		9
				5				
3		2	9		7			
5	8				2		9	3
						1		8

170

019.

	1	6	7	3		5	2	
			9					
2					5			3
6			8		7			2
4				9				7
	7	2	6		3	1	9	
			3					
	6	7			9	3	4	
3				5	1			9

171

020.

4	7		8		2		6	1
				4				
9		2	7		6	8		3
	2		9		5		1	
	9	4				3	7	
				7				
3		1	5		9	4		7
8				2				6
2			4		1			8

171

021.

5				4			9	7
9					8			
		4	6			8		
	3		8		9	1		
7				5				6
		9	4		6		7	
		5			1	4		
			9					3
1	4			8				9

171

022.

1			4	7				6
	2						7	
3		5		2	1	9		4
	3			1			6	
	1		2		7		4	
5		9		6		7		2
4			9	3				7
	6						9	
9		1		4	8	6		3

171

023.

7	2				9		3	6
		3		8	6	2		
	1		2				9	
5		2		9			6	
			6		7			
	6			3		1		9
3			9					1
6				2	5			7
	4	7			1	9	8	

171

024.

9		1			6	5		2
				8				
7		6	5	4		9		3
4		3		2		1		5
1								4
	2		4		9		3	
				5	8			
	5	7		9		2	4	
3		8	2			6		1

171

025.

1	7						6	2
			8		1		7	
	3	8				4		
	9	4	2		8	1	3	
				7				
6	2		3		4		8	5
		7				9	2	
	8		5		2			
3	1						5	8

172

026.

	6	2	5				8	1
5	1				4			7
4			8	9				
7				6		8	9	3
		3	1		5	7		
2	8	4		7				6
				1	6			9
3			2				6	4
1	2				9	3	5	

172

027.

		1	2	3	4	5		
	5						6	
3			6	8	5			7
2		5	8		1	9		4
4		9		5		3		8
1		7	9		3	6		2
7			4	1	6			5
	4						3	
		8	3	9	7	2		

172

028.

		1	2		5	6		
		3	4		7	8		
2	6			8			3	5
1	5			4			7	9
		4	7		1	5		
8	7			9			2	4
3	4			1			6	8
		8	3		4	9		
		9	6		8	2		

172

029.

6	3				5			4
	7			9			2	3
		1	3		2	7		
4	8			1		5		
	9		6		3		4	
		6		7		1		9
		4	8		6	3		
3	2			4			6	
7			9				5	2

172

030.

	2			7	5	1	4	
5	3	7				8	6	9
		1	8	3	9		7	
3			2	8	1			5
8	9	5				2	1	4
6			9	5	4			8
	8		3	2	6	4		
1	5	6				3	2	7
	4	3	5	1			8	

172

031.

	3	7		4				9
4	5	9		8		6		1
8			9	6	7	3		5
	8		4		1		6	3
	6	3	8		9	5	1	
9	1		6		3		2	
2		6	5	9	4			8
3		5		1		7	9	6
1				3		4	5	

173

032.

2			1			3	6	5
7	8	6		4	5	1		
1					9	7	4	8
	9		6	7	1		3	
4	1	2				6	8	7
	7		4	2	8		5	
3	6	1	8					2
		7	5	1		4	9	3
9	5	4			2			6

173

033.

6	1	5		9				4
4	7	2					9	8
	3			2	6	7	1	5
		7	2	8	3	5		
3	2	4				9	8	7
		6	9	7	4	1		
8	6	1	3	4			5	
2	5					4	7	1
7				5		8	6	3

173

034.

4	1		8	3	5			
9				1		8	5	
2				7		3	1	6
	5	2	9		3	7	6	8
	3	7	5		1	2	4	
8	9	4	6		7	1	3	
3	6	8		5				1
	4	1		9				7
			1	6	4		8	3

173

035.

5		2		8	1	7		6
1		4	6	9	3			
		8		7	5	1	4	3
3	1			2			5	9
	9		5		4		8	
4	8			1			7	2
6	4	3	9	5		2		
			8	3	2	9		4
8		9	1	4		5		7

173

036.

5	1	8		2			4	
		3		8	7	5	2	
2		4		6	1	8	9	
1			9		3		6	2
4	3		6		2		8	7
9	6		8		4			5
	4	1	7	9		2		8
	2	9	1	3		6		
	5			4		3	1	9

173

037.

		2	4	5	9	7		
8	4	5		7	1			9
		1			6	5	3	4
	7		2	3	8		9	
1	6	8				2	4	3
	2		6	1	4		5	
9	1	3	5			4		
4			9	8		3	1	2
		7	1	4	3	9		

174

038.

1	8	9		2			3	
				3		9	2	8
5			9	4	8			7
8		5	7		2	3	4	6
	3	4	8		5	1	7	
6	7	2	4		3	8		9
3			1	7	9			4
2	4	8		5				
	9			8		5	6	3

174

039.

	9	6	4	2		8		
		5	8	6		9	1	4
	8	1	3	5			7	6
3			5		4			2
8	1	7				6	4	5
5			7		6			1
9	7			4	5	1	3	
6	4	3		7	8	5		
		8		9	3	4	6	

174

040.

		7			1	3		
9	5	3		8		2	4	
	4		2		3		6	5
4		5	7					9
				1	5			
1			9			5		2
5	3		1		8	9		
	1	8		7		6	5	4
		9	5				1	

174

041.

	9		2		7			3
6			4	9	8			1
	5	4			1		9	
	1	2		8		4		5
	8		1		5		3	
3		5				1	2	
	4		5	6		3	8	
8				7	3			4
5			8		4			

174

042.

	5		9		2	6		7
6					8		3	9
	4		7	3			5	
	8		2	4	3			6
5	9						8	2
2			8	9	5		1	
	2			7	1			4
	3		6					8
1		6	3		4	9		

174

043.

		2	9	7	1			
9		7	2			4		8
	5				8		9	
7		4		1		5		3
	3		4		2		7	
1		8		3		6		9
	8		7				3	
2		3			4	9		6
			3	6	9	7		

175

044.

2	3				5			6
	6	4		2			3	5
		1	4	6			9	
6				4		5		
	5	2	3		7	6	8	
		3		5				1
	9			8	4	2		
7	2			3		9	5	
1			2				6	8

175

045.

		5	6	1	4	2		
	9						5	
4		7		5		8		6
5			7		1			8
6		9		3		1		4
8			9		6			7
9		1		6		7		5
	5						6	
		4	1	9	5	3		

175

046.

	7				4			3
	6		8		5	7	1	4
	5	4	3			8		
1	8	5			2	3		9
	4						8	
6		3	1			4		5
		8			1	6	4	
4	1	2	7		3		5	
5			2				3	

175

047.

					4			6
	9	4		2		7		1
3	6		5	9			4	
9				4		8		
	7	3	9		8	6	1	
		8		3				7
	3			8	2		7	9
7		2		1		4	6	
1			7					

175

048.

	3	6			7			5
	9			5		7	2	8
	2		4		9			
		4		2		5		3
	7		1		4		8	
1		2		3		9		
			9		8		5	
2	4	8		6			7	
7						8	6	

175

049.

5	1		3	2				4
		3	8	9				5
8					1	2	3	
6		1			9		7	
	8		1		3		6	
	9		7			5		1
	3	8	9					6
9				1	8	7		
7				3	5		8	9

176

050.

1	7		2		8		4	5
3	4			7			6	2
		2	4		1	8		
4		5	3	8	2	7		1
	3		6	9	5		8	
8		9	7	1	4	3		6
		4	9		3	5		
9	5			4			2	8
2	1		8		6		3	9

176

051.

	3	7	8		1	4	5	
4		6		2	7	8		1
8	9						2	3
5	6		9		4			2
	4			7			6	
7			5		8		3	4
3	8						1	7
1		9	7	8		6		5
	7	4	2		5	3	8	

176

052.

	5	3	1		7	8	9	
9	6			5			4	7
2			3		9			1
	8	5				9	2	
3	9			7			1	8
	1	2				4	7	
8			6		4			9
1	4			3			8	6
	2	6	9		1	7	3	

176

053.

9		5	1		7	8		3
		8		3		4		
1	2			8			6	7
2			7		3			9
	5	7		9		6	4	
4			5		6			8
5	1			7			8	6
		9		5		2		
8		4	9		2	7		5

176

054.

		1	2	5	7	6	8	
6		8			1			
9		2		8	3	4	5	1
5	8	3	1		4			2
4		7		9		1		6
1			3		2	5	4	8
2	9	4	5	1		7		3
			4			8		5
	1	5	7	3	6	2		

176

055.

	7			5			6	8
2			4		6		9	5
		6	9	7		1		
	1	9	3		7		4	
3		2		9		8		7
	4		6		1	3	5	
		4		3	5	9		
1	9		8		2			6
8	3			6			7	

177

056.

	7		6		8		4	
4	5			7			1	2
8		3	1		5	7		6
	1			9			3	
7		9	5		3	2		8
	6			8			7	
1		2	4		7	6		9
5	9			6			2	3
	3		9		2		8	

177

057.

1	2			4			6	7
5		6		7		9		1
	8		1	6	3		2	
		4	6		2	5		
2	3	7		5		6	1	8
		8	7		1	2		
	6		3	2	4		5	
3		5		9		1		2
4	9			1			8	6

177

058.

9				2				6
	3	2	4		8	9	5	
	4		7		9		1	
	5	9		4		1	6	
4			2	1	6			5
	6	1		5		2	8	
	9		3		4		2	
	2	4	5		1	3	7	
3				9				8

177

059.

	9	2		1			6	
5		3		7	8	2		4
4	6		5			1	3	
		1		4			8	
9	2		7	3	6		1	5
	5			8		9		
	8	5			9		4	6
2		9	4	6		8		1
	4			5		7	2	

177

060.

	2			7	5		1	
1					4	5		8
	5	6	8			2		
8	1			3		7		
9			5		6			3
		2		8			4	5
		9			1	4	3	
3		1	7					9
	7		3	9			2	

177

061.

3		8			1	6		7
	6			5			4	
9		4	8			3		5
		5	4		2			3
	4			3			7	
6			1		5	2		
2		7			4	1		6
	9			1			2	
5		6	7			4		9

178

062.

6			3		1			4
	2			4		8	3	
	4	3	5			1		
5				7		6		2
	3		6		8		4	
7		8		2				9
		5			7	2	1	
	8	6		1			9	
2			4		9			8

178

063.

	6		2		4		5	
4	7			6			8	3
		5		7		1		
9			1		3			2
	1	2				3	4	
6			7		9			8
		6		8		7		
1	4			9			2	5
	8		3		5		9	

178

064.

5			3		2			6
		1		6		8		
	2			1			3	
3			2		4			7
	7	2				4	5	
9			6		8			1
	8			3			9	
		5		4		2		
4			7		6			5

178

065.

1	2				3	4		5
3		6		5			8	
	4		2					7
		7		1				8
	6		5		2		3	
5				8		9		
7					1		9	
	8			4		1		3
9		1	7				5	4

178

066.

		4	2	9	1	7		
	5			7			6	
2				5				3
7				3				5
6				1	2	3		4
4								7
1								2
	8						4	
		3	5	4	6	8		

178

067.

		1				4		
	9		5		4		2	
3		4		1		7		9
	8		1		9		5	
		9		4		1		
	4		8		2		7	
6		5		7		2		8
	7		9		6		1	
		2				6		

179

068.

	5		7		8		2	
1		2		4				6
		3	6			9	1	
3				2		4		8
	4		9		6		7	
6		5		8				9
	1	8			4	6		
2				6		7		5
	6		5		3		8	

179

069.

	1				3		5	
			1					2
9					6	3	4	
		9		8				5
	6		7		4		2	
2				3		1		
	5	3	2					4
4					8			
	8		5				7	

179

070.

2					6	4		7
			9	5		2		
3	4	1		2		5		
9			2		1		7	
	5	6				3	1	
	1		8		5			4
		9		4		6	2	3
		7		8	3			
1		3	5					8

179

071.

		6		9	3	4		
	4		2				9	
9		1			7	5		8
5		8		1			4	
3			8		4			9
	2			7		1		3
4		9	1			7		2
	7				6		1	
		2	7	5		8		

179

基础奠定

072.

4			1				3	5
6	8			7			4	
		7	2		3	8		
		4	7		8	6		9
	9						5	
5		1	4		9	2		
		2	5		7	9		
	1			6			8	7
3	7				4			1

179

073.

1					7			2
	5		8		3			6
4		6		1		7	9	
		7				6		3
6	1		4		2		8	7
9		5				4		
	2	9		6		3		5
5			7		8		1	
3			5					4

180

074.

	8	4			6		7	
1		9	3					4
					5	8	2	9
4				2	9		8	
	5		4		1		9	
	6		7	5				3
8	1	7	5					
2					3	1		5
	4		9			7	6	

180

075.

	9		1				8	
2			8			3		5
	3			2	7			
		8					1	3
		1		4		9		
7	6					8		
			6	1			7	
9		3			2			6
	7				4		3	

180

076.

		2	4	5		7		
	4				8		3	
8		1			3	5		6
	5	3						4
7								2
2						6	7	
3		6	5			1		7
	2		1				5	
		7		2	9	4		

180

077.

	5	2	9	6				1
					5		3	
		1				9		
	8		6		9			7
	9						6	
1			5		4		9	
		5				8		
	4		1					
3				9	2	1	7	

180

078.

					7			4
	2	4	8	3				5
6			9					
		6		5		4		
	4		2		9		5	
		8		6		9		
					1			6
7				9	2	8	4	
8			4					

180

079.

		8			3	6	4	
4				1	7			
6				8				2
1	7							
	5	2				4	6	
							2	1
9				5				8
			8	6				4
	8	7	1			9		

181

080.

2	3	5					9	1
1		6						8
					5		3	6
		2	1	4	3			
			5		8			
			9	7	2	3		
5	7		6					
8						6		4
6	2					1	7	9

181

081.

9							5	3
7				5	1	4		
	4				9			
	3	1	7		4			
	6						3	
			1		3	2	7	
			2				6	
		8	5	4				1
6	9							7

181

082.

					4	6	7	
6	7				5		3	
1		4	6	7		9		
7	6					8		
		5				3		
		9					5	1
		1		9	6	4		7
	8		2				6	9
	9	6	8					

181

083.

								3
			1	3	5		6	
		4					8	
	7				6		5	
6			2		4			7
	2		7				3	
	3					2		
	5		9	8	7			
9								

181

084.

		4		5				
	8				4	3	2	
	6		7	8				5
	7					2		
6		8		2		9		4
		2					7	
5				1	6		9	
	1	6	9				4	
				4		8		

181

085.

		5						
	3		4	7		5	2	
	4	7			6	3		9
		3		1			9	
	1		2		9		7	
	5			6		1		
3		4	6			2	1	
	8	2		4	7		3	
						7		

182

086.

		2			1	9	4	
9		7						
5		3	4			6	2	7
6				4		1		
			1		3			
		1		5				6
1	2	4			8	3		9
						5		1
	9	5	3			2		

182

087.

					2	1		
	6	9		4			7	
4				1			6	
3			8		5			
	9	1				7	3	
			9		1			5
	7			5				2
	3			2		4	1	
		2	4					

182

088.

3	5		1	8			2	
			7				1	9
						7		
		4	8		1		7	
9				4				8
	8		6		2	9		
		5						
8	9				5			
	3			2	7		5	6

182

089.

	1						2	
		5	4		1	9		
8		6		9		7		5
7			3		4			6
	2						7	
4			7		9			1
9		7		5		3		8
		2	6		8	1		
	8						5	

182

090.

7		8		1		9		4
	3	2				6	7	
4			1		9			7
		6	2		8	4		
2			5		3			8
	9	3				2	1	
6		7		9		5		3

182

091.

1							4	9
			8					
8	2		7			6	1	3
					9	5		6
	6						8	
5		9	6					
4	8	5			7		9	2
					2			
7	9							4

183

092.

		8	2	7	1	6		
		6				8		
7								5
2			1		3			6
3	5		6		9		4	7
8			7		5			3
1								4
		5				3		
		9	8	5	7	1		

183

093.

		3	4		8	2		
	7		1		2		4	
	1						6	
3				4				6
7		2				8		5
5				2				3
	3						5	
	5		6		7		3	
		9	5		4	1		

183

094.

		9				1		
5				7				4
		7	9	1	5	8		
9		2				4		8
	7		2		8		3	
3		5				2		7
		8	3	9	4	7		
4				6				9
		6				3		

183

095.

	9			1		2	5	
		7				8		
			9		8			
	4			8	6			2
		1				6		
9			4	2			1	
6			8		5			
		8				9		
	5	2		7			3	

183

096.

2					9			3
6			7		3		8	5
	5					7		
					2			
	4	6	3	5	7	9	1	
	9		8			3		
		4					2	
9	8		2		4			1
3			6					7

183

097.

				1		2	4	
5	4	9			6			8
	1		9		7	6		
7								3
	6	4		8		7	2	
1								4
		7	8		1		9	
8			4			3	5	7
	9	5		2				

184

098.

5				7				6
	2		1	4			5	
7		1		3		4		2
4			8		7			9
	5			1			6	
3			9		2			5
1		7		2		6		4
	6			9	4		2	
2				8				3

184

099.

1					6			9
8					1			5
		4		8		3		
		1			3	4		
9		5				2		3
2			7					8
	5	7		1		8	2	
			8					
4	9		3				6	1

184

100.

		9	5				7	
		6		8	3			2
7						8		3
		5				2		
1			6	2	9			5
		7		4		9		
5		1						7
6			9	5		3		
	8				6	1		

184

101.

		3	9		5	8		
			6		3			
7	6						5	4
				1				
9	3						2	8
4			2		9			6
		6				4		
8			7		4			5
		5	3		1	7		

184

102.

1	2		7				3	4
			1		9			
		9			8	7		
4	5		6		2		9	8
8		3	5		1	6		2
		1	4			2		
			2		7			
7	8				3		5	6

184

103.

		7	8			6		
			7	3				
	3	9				8	2	
	1	8				3	7	
3			1	9	7			8
4								9
6								2
			4	1				
7	8		9				5	6

185

104.

9				6			4	
			2		3	9		
	8	3		5		2		
	4						3	
6		9				1		7
	3		9	1	2		6	
		2		3		7	8	
		6	4		5			
	1			9				2

185

105.

			1		2			
6		5	7			3		1
8		7	5			6		4
1		2				4		9
				2				
	8	3				7	5	
	5				8		1	
4	3				1		7	6
			3		9			

185

106.

	9	7		3	8	5	4	
	4		9	2			7	
6				5				9
7	8			9			2	5
	3		7		2		1	
	2	6	1	8		4	5	
8				4	6			1

185

107.

5	7							
	8	4	3		9		1	
				2		5	9	
	6	2	1		7	4	8	
	5			3			7	
		8	4		5	1		
	1	5		8				
	4		6		2	9	5	
							6	3

185

108.

6	1		8	9				2
		4	5				7	
9				3		1		4
	4		2		5		9	
	7	5	4	6	9	3	1	
7		1		4				3
	3				2	9		
5				1	6		4	7

185

109.

8	4				3		1	7
6			8					5
					6			
		2		1		9		
3	6						7	1
		4	2		9	5		
	5		7				3	
9					8			2
1	2		3				9	4

186

110.

4	2				7		9	1
				4				
8		7	6			3		5
		6	7		2	8		
	8						1	
		1	8		5	4		
					6			
5	6	2		7		1	3	9
7			2					8

186

111.

6	5		9				3	2
7								9
	3		7		8		5	
4			8		7			3
	1				3		9	
2			6		9			4
					4			
		4				6		
		9	5		6	1		

186

112.

3	2						8	7
			7	3	1			
		9				4		
	1	6			4	9	7	
	5	3	6		7	1	4	
			9					
		2				8		
		5	8	7	2	6		
8	6						1	2

186

113.

4				3				7
		1			7	5		
	5		6	4			1	
	7	4				8	2	
	3	9		5		7	6	
7				2	5			6
1			3					5
2	8			6			3	9

186

114.

	9	3	8	6	1	4	2	
7		4				1		9
3								5
6			5	8	9			3
9			3	1	6			2
4								8
	1			5			6	
		5	6	9	4	2		

186

115.

			9					
3	7			6			1	2
	2	4			7	5	3	
8	3		6		4		9	1
				5				
2		6	3	1	8	4		5
		8			3	9		
	5			2			4	
4			7					8

187

116.

5	2	3		8				
6	1	7	3		4	2	8	5
8		9		2			3	
2	8	4	9	3	6	1		7
9	7	1	4		2	3		8
3		5		7		4	9	2
7					9		4	6
	5		2		3			9
	9	6	7					

187

117.

9	1		7				5	6
		7		5		4	1	
5	4	3	2	6	1	9		8
7	3	4			6	8	9	
8	5	6	9			1	2	
	2	9	5	3	8	6	4	7
	9	1					6	4
3			4	1				9
	7		6	9				

187

118.

5			4	2		3	8	
2	3		6			5	1	
		9	5		3	7		2
7			9			8	6	3
8			7	3		4		1
1	6	3		4	2		7	5
3	2		1			6	9	4
4			2	9		1		7
		1	3		4	2	5	

187

119.

6	5				1	8	2	4
8		1	4	9		3	7	5
3		7	5	8	2	1	9	6
4	9		8	6	5	7		
		2	9	3	7	6		
7	6	8		1			5	
9		4		5		2		
1	8	5		2		4	3	
2								

187

120.

	7	3	9			4	5	
1					7		2	6
	4					7	9	
3	1	4	5	7	8	9	6	2
	2	8				5	7	3
6	5	7	3	2	9		1	
7	3		8		2		4	
	8	2	1	9	5		3	
	6	1	7				8	

187

121.

	2							
		9	6	3		5	8	
				7				
9				4				3
1			8		5			9
7				2				6
			4					
	3	5		9	2	4		
							7	

188

122.

1							4	9
			8			2		
8	2					6	1	3
					9	5		6
	6			5			8	
5		9	6					
4	8	5			7		9	2
			9	4	2			
7	9							4

188

123.

			2	8	5		3	
	4						9	
8				7				
2					6			
5		4				1		9
			1					4
				4				2
	7						4	
	1		5	2	8			

188

124.

			5			6		
			9				2	
1	5	2				9		
		9		2				8
			4		8			
6				7		3		
		7				1	8	6
	2				7			
		8			5			

188

125.

		8	3		4	7		
3	7						9	8
9	6			2			7	5
				1				
5	4			9			3	6
4	2						8	7
		3	8		5	6		

188

126.

	8			4		6		
			2			7		8
9	6							
				6			5	
3			1		2			7
	4			3				
							9	1
5		2			9			
		8		2			4	

188

127.

		9	5		2		8	
		1		8				9
	4					1		
1					6	4		
	9						1	
		4	1					2
		5					2	
7				5		6		
	2		4		8	7		

189

128.

9	8							
	7	1						2
		5		4				
	3	4			7			
	1		4		6		8	
			1			6	5	
				9		3		
7						8	2	
							6	7

189

129.

				2			8	
		4			9	5	2	
		7	4	6			5	9
		3				1		
5	6			9	8	4		
	3	9	1			7		
	2			3				

189

130.

	9				5	1		
7			6		4		9	
6						3		5
				9	3	4	5	
3				7				9
	2	1		5				
4		9						1
	8		2		1			4
		2	9				7	

189

131.

		7	3		1	4		
	1			7			8	
3				5		6		
4								9
9	5			3			7	8
2			1					3
		3		4				1
	4			9			5	
		9	2		8	7		

189

132.

7	3						1	2
			8		3			
9								7
		9		8		3		
1				5				9
		8	3		1	2		
5		2				1		8
	4		5		9		7	
	6						2	

189

133.

3			5		6			8
	8			1			2	
	1	5				7	9	
			6					
		1		9	8	5		
8	2				4		6	7
6		2				4		1
				7				
	5		4		1		8	

190

134.

	6						2	
	9		8		4		5	
8	7			6			3	1
6				8				9
		4		7		2		
	5			4			8	
	4	8		1		5	9	
			2		7			
1								6

190

135.

	1		2			9		8
8					5			
	9			1			2	5
	3		5				7	
9		2			4	6		1
5	4			9			3	
			8					4
7		3			1		5	

190

136.

	2			5			4	
1	3		6	2	8		5	7
			1	4	9			
2				1				6
				9				
	1	9	7	3	5	4	2	
	5	2				1	7	
	9						6	
7								2

190

137.

	7				4	6		
1				8				5
		4	7		3	2		
4				6				3
	3			9			5	
	2						9	
		1			5	3		
7				3				8
		5	6		1		2	

190

138.

	4		6	7			9	
3				4				2
		2			1			6
			5					
	5		4		8		3	
	3			6	7		4	
		4	9			3		
6				2				9
2				5	3		6	

190

139.

	6		2				7	
4				9				8
		9			7	3		
	3	6				8	9	
	4			1			6	
		1	8			5		
	1		4				3	
7		3		6		1		4
	9				5		2	

191

140.

	1			6		5		4
6	5			3	7			
					2			8
3								
5	4	7		9		3	1	2
				4				5
9			6					
			7	2			9	1
2		1		5			8	

191

141.

								2
	5	9	2				6	
8			7	9	6			3
	2						4	
			1	5	9			
	6			7			5	
2			5	6	3			9
	3				4	1	7	
6								

191

142.

			2		7			
	3					1	4	
9		8		4			7	
					6			
	1	6				9	2	
7				5				8
	5			8				
	4	3					1	
			4		3	8		6

191

进阶提升

143.

	7			9	8	3	4	
3								
	2		5				7	
6								5
	4		8		6		1	
5	8		4		1		2	3
	5				2		3	
								1
	9	6	3	1			5	

191

144.

1		2	7				6	
4			3			1		5
		6					4	
8	9	5	6		2			
				9		8	5	2
	2					6		
6		7			3			9
	5				1	3		8

191

145.

	8		7			6		9
7		6		3				1
			1		8			
		2				7		
	7			1			6	
		4				5		
			4		6			
4				9		2		7
8		1			7		5	

192

146.

			9				5	
4				2		6		
	1		7		8			
		9				7		6
	3						4	
2		8				1		
			5		4		9	
		2		1				5
	6				7			

192

147.

9				1				3
		4				7		
	7		2		4		5	
		3	5		8	6		
2								4
		5	6		7	2		
	4		1		6		9	
		1				4		
7				3				8

192

148.

					4	1		
1	9	4		3			2	
3			6					7
4	8	7						
						3	5	6
7					1			3
	6			7		8	4	2
		8	2					

192

149.

	7		6			2	9	
	8			3	4			7
5								4
1			9	7			6	
	5	2			8		4	
					1			9
4	1			5				
		8		2			1	3
		5			7	4		

192

150.

4	7	9	2	8	1	3	5	
6			7		5	2	8	4
		8		4	3	1		9
	5	6		3	7	4	9	8
9		1			2		3	
7	3	4			8	5	1	2
3		7			6			
8	6				9		4	
1	9				4		6	

192

151.

9	3				6	1	5	7
1		2	7	5		3	8	6
7		6	8	3	1	2	4	9
6	1		2	7	4	5		
		4	9	6	3	7		
3	2	7		8			6	
8		1		9		4		
2	9	5		4		6	7	
4								

193

152.

3	4		9			7	8	2
2	5	9		3	8	1		4
		6			2	3		
9	1				3	4	7	6
	2			7		8	3	9
6		3	8	4		5		1
	6	7	3			2	1	8
	3			8			5	7
8	9		1		7		4	

193

153.

5		2				7		3
7	6	9	5	2	3	1	4	
3	1	4	8	7	6			9
1	3		6	5		2	9	
6		7	1	3	2	4	8	
2				8	9	6		
	5	1						
8	7		3	4	5		1	2
	2					8	5	

193

154.

5	3	4	9	8	7		2	
6	9			4	1		8	
	8	2	6				9	4
	7	3		2	4		5	
2	6	9	3	5	8			7
				6	9	2	3	
3		5	8	1	6		7	
7	1	6		9				
9	2	8	4				6	

193

155.

3	2	1					5	8
6	8	9	4	1	5		7	3
	7	5	3	2		1		
5	6	3	9		1	7	8	2
9	1	8						6
7		2						
2	3		1		4			7
	5		7	9	3	6	2	1
1		7		6			3	

193

156.

					4			
5		2			6		7	
		6	8		1			4
3				4		7	5	
	8	9		6				2
4			6		7	1		
	7		2			6		3
			4					

193

157.

			7		4			
		3				2		
	6	8				4	7	
1	2		8		3		4	7
9	8		5		1		6	2
	5	4				6	3	
		2				1		
			9		8			

194

158.

	1		9	4				6
	6	9			3			
					8	9		
				6				5
8		7				2		1
5				8				
		2	8					
			7			4	3	
7				1	4		2	

194

159.

7			6		8			5
		4				7		
	6	9				8	3	
			4	5	6			
	5						6	
			8	2	3			
	7	3				6	1	
		8				9		
2			9		7			3

194

160.

	4			6			3	
6	5						9	8
		3				5		
		9		5		6		
	6		8		3		5	
		2		7		1		
		4				2		
1	2						4	6
	8			4			1	

194

161.

		6				5		
	7	2	1	8	3		9	
4		8		5	6	7		3
	5		9		4		8	
	4	7		2		1	5	
	6		7		5		4	
7		5		4		2		9
	2		5	9	7	8	3	
		9				4		

194

162.

	5	3			2		7	6
4					1	9	5	
		6	3	5				4
5				7		8	2	
9			1		4			7
	6	1		8				9
2				4	6	7		
	7	8	5					2
3	4		7			6	1	

194

163.

			8		1	2	6	
	7		9			3		4
	2	6		5			1	
6	8	4		9				5
9			5		2			3
5				4		1	9	8
	9			6		4	7	
8		1			5		3	
	6	3	4		9			

195

164.

8		6		2	1		4	
					3		8	7
	7	3						
		8			5		7	9
4			6		7			3
9	5		4			2		
		9	1			5	6	
2	4		5					
	6		3	8		9		1

195

165.

	7	1		6	5		8	
			9			4		
8	3			1			5	2
6	9	3			8			5
7								1
5			6			8	3	4
3	4			7			2	6
		6			1			
	2		4	3		5	9	

195

166.

			8	9				3
	8		5				2	6
5	1	4				9		
		5		7	6	3		2
4			1		2			9
1		6	3	5		8		
		9				7	3	4
2	7				4		8	
3				6	5			

195

167.

		6		7			3	9
5		4					6	8
			1	4		2	7	
3					9		5	
9		2	7		4	6		3
	8		2					1
	6	9		5	1			
2	1					5		4
7	3			9		8		

195

168.

	1	4			8	2	3	
	3		7	2	5		6	
5					3	9		
		1	5					8
	2	3				5	9	
9					6	7		
		7	6					1
	5		1	9	7		4	
	4	8	3			6	7	

195

169.

		6			7	3		8
5	8				3			
4				1	6	7	5	
8	2				9	5		
	3		7		8		4	
		1	4				2	9
	6	2	3	5				7
			9				1	4
7		9	6			2		

196

170.

	6						3	
1		2				7		9
			4	6	7			
		3	7		6	9		
9								6
		6	9		1	2		
			8	4	3			
3		5				4		8
	1						9	

196

171.

2	5		6					
7			9	1		4		
			8			7	1	
6	7	5						
	8						7	
						6	3	4
	2	4			7			
		7		9	1			5
					6		8	7

196

172.

					5		7	
		4		8		9		5
	7	8			9	3	2	
					7	2		1
	3						8	
4		1	2					
	1	5	4			8	9	
6		3		7		1		
	9		5					

196

173.

	3						8	
7		8	1		3	4		6
	4	5				1	2	
	8		6		7		4	
				1				
	6		5		2		1	
	1	6				5	7	
3		4	8		5	9		1
	7						3	

196

174.

	6		8	9			2	
8				4	7			6
		4						
3			2				7	
9	5						3	8
	1				4			5
						9		
4			9	6				3
	9			1	8		4	

196

175.

		1		3		9		
			1		7			
3			8	9	4			1
	9	6		7		1	2	
8		2	3		9	6		7
	3	7		2		8	5	
9			7	4	2			6
			6		1			
		8		5		7		

197

176.

3	2		1	4	9		7	8
4	6			2			9	1
5			2		4			6
2	7						5	9
8			6		7			3
7	3			1			6	5
1	5		7	6	8		4	2

197

177.

		8	3	9				
6					2			
1			5					4
		9	4					5
	4		7		3		6	
7					9	2		
3					1			8
			6					7
				8	7	1		

197

178.

		4	8	9	3	6		
	1			4			2	
6								4
4			9		8			5
5	9			3			8	2
8			1		5			6
7								1
	4			8			5	
		2	3	5	4	7		

197

179.

3	4		8		7		6	5
8			3		2			9
	6		5	8	9		7	
	7		1	6	4		2	
4			2		1			8
7	9		6		5		1	2

197

180.

5				2			9	3
	3	4						7
	1			3		8		
			3		8			
3		5	6		2	4		9
			9		4			
		3		8			5	
1						6	4	
2	8			4				1

197

181.

				4				
	6	2				9		
	7			1			3	
3								2
			9		8			
4								7
	3			7			8	
		8				3	5	
				6				

198

182.

		2	1		3	6		
	1			8			5	
	5				2		1	
		6				7		
	9		4				8	
	8			4			9	
		7	9		6	1		

198

183.

3					4			2
		5	9					
				8			4	
1							9	
		3		7		5		
	6							1
	8			6				
					5	9		
9			1					8

198

184.

		6				3		
			1	9				
4		9				5		7
	7		2		3		4	
	1		9		5		7	
3		7				6		9
			8		6			
		5				7		

198

185.

2								7
	3							
			2		8	5		
		5				6	1	
				9				
	1	2				8		
		4	1		6			
							3	
7								9

198

186.

			4		9			
		2				6		
	9		1		7		5	
3		9				8		4
				5				
8		6				5		2
	4		5		6		9	
		8				1		
			3		1			

198

187.

			2			7	9	
		1			5			
4	6			8				
			6				4	3
		3				5		
2	9				1			
				4			3	1
			7			6		
	5	8			9			

199

188.

	4				7			
6		1		4		5		
			5					9
			1			7	5	
4			6		3			2
	2	9			8			
8					6			
		7		3		6		1
			2				3	

199

189.

8					5			
	1	2	3			6		
	4	5	6				2	
	7	8						1
				9				
9						8	7	
	2				6	5	4	
		4			3	2	1	
			1					9

199

190.

	4			1				
		1		2				3
		9			5	2	7	
		2			1			
6	7						8	9
			6			4		
	6	8	1			7		
5				3		8		
				4			3	

199

191.

		4	5				3	
1					6			
			8					2
	9				7	8		6
5		3	2				1	
2					8			
			1					3
	6				9	5		

199

192.

	8		6		2			
		3		9				1
			8				5	
9						4		7
	7						8	
3		1						9
	6				1			
7				2		3		
			4		5		6	

199

193.

	3	4	5					
2				6	7	8		
1							9	
9							4	
	7						8	
	1							6
	6							3
		1	4	2				8
					9	5	7	

200

194.

	5		6		3			
		7				2		3
	3			4			1	
	6							7
		4		1		9		
1							2	
	7			6			8	
2		5				4		
			7		4		9	

200

195.

		4	3					
	7			8		9	5	
				1				2
			9					1
	2	9				6	4	
3					5			
5				4				
	8	1		7			3	
					6	8		

200

196.

					5			
		4		9				
		3				6	8	
5			4		6			
	7			1			4	
			3		2			9
	6	8				2		
				8		5		
			9					

200

197.

5						6		
	9		1		5		8	
1				4				2
	7			2			1	
		4			8	9		
	3		6				2	
4				6				3
	5		2		3		4	
		9				8		

200

198.

	1				7			9
2							5	
4			3			1		
		5	7		6			
		6				3		
			4		2	9		
		4			5			6
	5						9	
8			9				2	

200

199.

9								7
		1	2				5	
	3			4				
	5			6				
		7	8		9	1		
				3			2	
				5			4	
	4				7	6		
3								9

201

200.

	9				1	2		
		8						6
2			3				5	
7				1		9		
			4		6			
		5		2				8
	6				9			1
3						4		
		2	5				3	

201

201.

	3					8	7	
9			1					5
6					2			
		4					3	
				5				
	7					6		
			8					1
1					9			2
	6	2					5	

201

202.

		5	1	2			8	
	6				8			1
3						7		
9				1	6	5	3	
1								6
	3	6	4	8			9	
		4						5
5			8				7	
	1			7	4	3		

201

203.

9				4				5
		4		5		1		
		1				3		
	6		5		2		7	
	4		7		3		9	
	8		4		1		6	
		7				9		
		8		1		2		
2				3				8

201

204.

		4						
	9		6		1		2	
		2		3		4		1
	7						3	
		5		2		9		
	4						5	
5		3		9		1		
	8		7		2		6	
						5		

201

205.

	2					6		
1			4		5			8
		3					7	
	5			8		3		
			7	9	2			
		6		1			4	
	4					5		
8			3		6			2
		7					1	

202

206.

9					1			7
	4				5		2	
		5		6		9		
2	1			3				
		8	2		9	1		
				7			6	3
		3		1		4		
	9		8				1	
6			5					2

202

207.

		9			6			
8			7				5	
	3				8			9
			6			4		
	7			3			9	
		6			1			
9			5				1	
	8				2			3
			1			7		

202

208.

		8				2		
	3				1			
7				4				
			3				7	1
		4				5		
9	2				8			
				9				8
	6		7				3	
		5				4		

202

209.

9				3				2
			1				6	
		8				4		
	1				4			
2				1				5
			7				8	
		7				1		
	6				8			
8				2				9

202

210.

	7				9	5		
			3			8		9
4	9	8						
			5	3		9		
9		3				2		6
		6		2	4			
						4	1	5
2		5			7			
		4	1				7	

202

211.

3		9				6		4
	8		3	9	1		5	
7								9
			7	2	5			
				3				
			6	1	4			
6								3
	3		8	5	7		9	
9		7				5		8

203

212.

			6	4			3	5
				8		2		
	7					4	8	
			5		8	3		6
	6						9	
8		9	2		3			
	9	5					1	
		3		1				
6	8			3	9			

203

213.

		4	3			5		6
1	6							
	3		6	1				
4	8	3		2				
		2				6		
				8		1	2	3
				4	7		6	
							9	2
7		8			9	4		

203

水准发挥

214.

	1		2		8		3	
		8	7		9	4		
9								6
		9		8		5		
6								3
		3		5		6		
2								7
		7	3		5	1		
	6		4		7		9	

203

215.

	2		1		3			7
		3		2		1		
5					7	9		
6					1			3
		5				6		
1			6					4
		7	5					1
		6		9		8		
8			7		2		4	

203

216.

7								
2	4		1		8			
	6			7	2			3
		4		2	9		8	
	7						6	
	9		4	6		7		
1			6	8			3	
			3		7		9	1
								6

203

217.

	7				9	5		
			3			8		9
4	9	8						
			5	3		9		
9		3				2		6
		6		2	4			
						4	1	5
2		5			7			
		4	1				7	

204

218.

						1	7	
7			2			9		6
1			9	8	7			
	2					4		
	5		3		9		8	
		9					5	
			6	5	4			1
2		8			3			5
	1	5						

204

219.

				5		2	3	
2								7
			4			6		8
	3	7		4	6		5	
				7				
	6		1	8		4	7	
3		9	7		2			
4								3
	7	8		3				

204

220.

		4			1	7		
8		9				2		
						6	3	9
		5	7		2			8
			5		6			
7			1		9	4		
4	5	6						
		2				5		4
		8	2			3		

204

221.

			6			5		4
5				3		9	6	
	7		1			2	3	
		8				1		
			9		3			
		2				4		
	3	1			6		8	
	4	5		2				1
9		6			5			

204

222.

			9		6			
	9						7	
6	8	7				4	2	9
		6	8		3	5		
5								2
		9	7		2	1		
1	4	2				7	8	6
	6						4	
			6		7			

204

223.

		3	4	2		1		
			6		7		8	
8			5					
	9				2			5
	8	1				6	7	
2			7				4	
					1			4
	1		2		6			
		2		7	9	5		

205

224.

5							3	6
9		8		5		4		
6					7			
		1		8	3	7		
			6		2			
		6	4	7		5		
			7					2
		9		1		3		4
1	4							8

205

225.

			5			3		
	9				1		6	
2					9			7
	5	4						1
			2		7			
3						4	8	
4			8					3
	8		6				2	
		1			5			

205

226.

		3					6	
			1			7		
	7				9			
		5		3			4	
1			6		7			8
	2			9		1		
			3				8	
		4			6			
	8					9		

205

227.

	9				4			
1				5		7		
		2			6			3
	1		3					6
		4				2		
5					1		3	
8			2			4		
		3		1				7
			9				6	

205

228.

		6	7	8			3	
	5				9			4
4								
3			5				9	
2				6				8
	1				8			7
								6
9			1				5	
	8			2	3	4		

205

229.

			3	4			9	
	2				5			8
1		3				6		
			4				7	
		5		3		8		
	6				9			
		7				1		3
5			8				2	
	4			9	1			

206

230.

			3				1	
	9	4			1			7
2			7			4		
				5		3		
5	8						6	9
		3		8				
		7			5			6
6			4			2	8	
	1				6			

206

231.

		1				6		
	8		2		6		5	
6				3				1
	9				4		7	
		2				5		
	4		9				6	
1				8				7
	2		7		3		1	
		9				4		

206

232.

1				8				7
			3					
		2				6		
			1		2		5	
7				3				1
	3		4		5			
		5				7		
					8			
8				6				9

206

233.

	3				1			
		6				4		8
	2		9				5	
6				9		2		
			4		2			
		8		6				1
	1				3		6	
4		2				7		
			5				8	

206

234.

1								6
		8	7		1	4		
	2			8			9	
	9			3			1	
		4	5		8	7		
	7			4			2	
	5			2			6	
		3	8		6	2		
6								1

206

235.

	8			1			2	
6			3		5			1
		7				4		
	2		1		9		5	
7								6
	9		6		3		4	
		5				3		
9			2		1			8
	3			6			7	

207

236.

	3						1	
8				2				3
			7		4			
		6				2		
	9			7			5	
		8				1		
			8		1			
2				6				9
	7						4	

207

237.

			2	6				
		5					8	
	9			4	3			
5						4		
	2						5	
		7						2
			5	1			7	
	3					6		
				9	8			

207

238.

			1				6	
2						8		
	3				9			
		1		7				2
			3		2			
4				5		9		
			8				5	
		6						1
	1				4			

207

239.

		3	4			7		
	8			1			2	
	6			3				
		7	9		5	4		
				6			1	
	1			8			4	
		4			9	5		

207

240.

		3				4		
	2		5		8		1	
		9		7		6		
			8		1			
		7		9		8		
	1		4		2		5	
		6				9		

207

241.

	1			6		5		4
6	5			3	7			
					2			8
3								
5	4	7		9		3	1	2
				4				5
9			6					
			7	2			9	1
2		1		5			8	

208

242.

								2
	5	9	2				6	
8			7	9	6			3
	2						4	
			1	5	9			
	6			7			5	
2			5	6	3			9
	3				4	1	7	
6								

208

243.

			2		7			
	3					1	4	
9		8		4			7	
					6			
	1	6				9	2	
7				5				8
	5			8				
	4	3					1	
			4		3	8		6

208

244.

	7			9	8	3	4	
3								
	2		5				7	
6								5
	4		8		6		1	
5	8		4		1		2	3
	5				2		3	
								1
	9	6	3	1			5	

208

245.

1		2	7				6	
4			3			1		5
		6					4	
8	9	5	6		2			
				9		8	5	2
	2					6		
6		7			3			9
	5				1	3		8

208

246.

	8		7			6		9
7		6		3				1
			1		8			
		2				7		
	7			1			6	
		4				5		
			4		6			
4				9		2		7
8		1			7		5	

208

247.

			9				5	
4				2		6		
	1		7		8			
		9				7		6
	3						4	
2		8				1		
			5		4		9	
		2		1				5
	6				7			

209

248.

9				1				3
		4				7		
	7		2		4		5	
		3	5		8	6		
2								4
		5	6		7	2		
	4		1		6		9	
		1				4		
7				3				8

209

249.

					4	1		
1	9	4		3			2	
3			6					7
4	8	7						
						3	5	6
7					1			3
	6			7		8	4	2
		8	2					

209

250.

	7		6			2	9	
	8			3	4			7
5								4
1			9	7			6	
	5	2			8		4	
					1			9
4	1			5				
		8		2			1	3
		5			7	4		

209

251.

4	7	9	2	8	1	3	5	
6			7		5	2	8	4
		8		4	3	1		9
	5	6		3	7	4	9	8
9		1			2		3	
7	3	4			8	5	1	2
3		7			6			
8	6				9		4	
1	9				4		6	

209

252.

9	3				6	1	5	7
1		2	7	5		3	8	6
7		6	8	3	1	2	4	9
6	1		2	7	4	5		
		4	9	6	3	7		
3	2	7		8			6	
8		1		9		4		
2	9	5		4		6	7	
4								

209

253.

3	4		9			7	8	2
2	5	9		3	8	1		4
		6			2	3		
9	1				3	4	7	6
	2			7		8	3	9
6		3	8	4		5		1
	6	7	3			2	1	8
	3			8			5	7
8	9		1		7		4	

210

254.

5		2				7		3
7	6	9	5	2	3	1	4	
3	1	4	8	7	6			9
1	3		6	5		2	9	
6		7	1	3	2	4	8	
2				8	9	6		
	5	1						
8	7		3	4	5		1	2
	2					8	5	

210

255.

5	3	4	9	8	7		2	
6	9			4	1		8	
	8	2	6				9	4
	7	3		2	4		5	
2	6	9	3	5	8			7
				6	9	2	3	
3		5	8	1	6		7	
7	1	6		9				
9	2	8	4				6	

210

256.

3	2	1					5	8
6	8	9	4	1	5		7	3
	7	5	3	2		1		
5	6	3	9		1	7	8	2
9	1	8						6
7		2						
2	3		1		4			7
	5		7	9	3	6	2	1
1		7		6			3	

210

257.

					4			
5		2			6		7	
		6	8		1			4
3				4		7	5	
	8	9		6				2
4			6		7	1		
	7		2			6		3
			4					

210

258.

			7		4			
		3				2		
	6	8				4	7	
1	2		8		3		4	7
9	8		5		1		6	2
	5	4				6	3	
		2				1		
			9		8			

210

259.

	1		9	4				6
	6	9			3			
					8	9		
				6				5
8		7				2		1
5				8				
		2	8					
			7			4	3	
7				1	4		2	

211

260.

7			6		8			5
		4				7		
	6	9				8	3	
			4	5	6			
	5						6	
			8	2	3			
	7	3				6	1	
		8				9		
2			9		7			3

211

261.

	4			6			3	
6	5						9	8
		3				5		
		9		5		6		
	6		8		3		5	
		2		7		1		
		4				2		
1	2						4	6
	8			4			1	

211

262.

		6				5		
	7	2	1	8	3		9	
4		8		5	6	7		3
	5		9		4		8	
	4	7		2		1	5	
	6		7		5		4	
7		5		4		2		9
	2		5	9	7	8	3	
		9				4		

211

263.

	5	3			2		7	6
4					1	9	5	
		6	3	5				4
5				7		8	2	
9			1		4			7
	6	1		8				9
2				4	6	7		
	7	8	5					2
3	4		7			6	1	

211

264.

			8		1	2	6	
	7		9			3		4
	2	6		5			1	
6	8	4		9				5
9			5		2			3
5				4		1	9	8
	9			6		4	7	
8		1			5		3	
	6	3	4		9			

211

265.

8		6		2	1		4	
					3		8	7
	7	3						
		8			5		7	9
4			6		7			3
9	5		4			2		
		9	1			5	6	
2	4		5					
	6		3	8		9		1

212

266.

	7	1		6	5		8	
			9			4		
8	3			1			5	2
6	9	3			8			5
7								1
5			6			8	3	4
3	4			7			2	6
		6			1			
	2		4	3		5	9	

212

267.

			8	9				3
	8		5				2	6
5	1	4				9		
		5		7	6	3		2
4			1		2			9
1		6	3	5		8		
		9				7	3	4
2	7				4		8	
3				6	5			

212

268.

		6		7			3	9
5		4					6	8
			1	4		2	7	
3					9		5	
9		2	7		4	6		3
	8		2					1
	6	9		5	1			
2	1					5		4
7	3			9		8		

212

269.

	1	4			8	2	3	
	3		7	2	5		6	
5					3	9		
		1	5					8
	2	3				5	9	
9					6	7		
		7	6					1
	5		1	9	7		4	
	4	8	3			6	7	

212

270.

		6			7	3		8
5	8				3			
4				1	6	7	5	
8	2				9	5		
	3		7		8		4	
		1	4				2	9
	6	2	3	5				7
			9				1	4
7		9	6			2		

212

271.

	6						3	
1		2				7		9
			4	6	7			
		3	7		6	9		
9								6
		6	9		1	2		
			8	4	3			
3		5				4		8
	1						9	

213

272.

2	5		6					
7			9	1		4		
			8			7	1	
6	7	5						
	8						7	
						6	3	4
	2	4			7			
		7		9	1			5
					6		8	7

213

273.

					5		7	
		4		8		9		5
	7	8			9	3	2	
					7	2		1
	3						8	
4		1	2					
	1	5	4			8	9	
6		3		7		1		
	9		5					

213

274.

	3						8	
7		8	1		3	4		6
	4	5				1	2	
	8		6		7		4	
				1				
	6		5		2		1	
	1	6				5	7	
3		4	8		5	9		1
	7						3	

213

275.

	6		8	9			2	
8				4	7			6
		4						
3			2				7	
9	5						3	8
	1				4			5
						9		
4			9	6				3
	9			1	8		4	

213

276.

		1		3		9		
			1		7			
3			8	9	4			1
	9	6		7		1	2	
8		2	3		9	6		7
	3	7		2		8	5	
9			7	4	2			6
			6		1			
		8		5		7		

213

277.

3	2		1	4	9		7	8
4	6			2			9	1
5			2		4			6
2	7						5	9
8			6		7			3
7	3			1			6	5
1	5		7	6	8		4	2

214

278.

		8	3	9				
6					2			
1			5					4
		9	4					5
	4		7		3		6	
7					9	2		
3					1			8
			6					7
				8	7	1		

214

279.

		4	8	9	3	6		
	1			4			2	
6								4
4			9		8			5
5	9			3			8	2
8			1		5			6
7								1
	4			8			5	
		2	3	5	4	7		

214

280.

3	4		8		7		6	5
8			3		2			9
	6		5	8	9		7	
	7		1	6	4		2	
4			2		1			8
7	9		6		5		1	2

214

281.

5				2			9	3
	3	4						7
	1			3		8		
			3		8			
3		5	6		2	4		9
			9		4			
		3		8			5	
1						6	4	
2	8			4				1

214

282.

		4				3		
	3		1		5		2	
2				6				9
	8		7		6		1	
		3				5		
	6		3		4		7	
5				2				8
	7		9		8		5	
		1				6		

214

283.

			8	9	4	3		
		8					9	
	1				2			5
5				1				3
1		3		6		5		4
4				8				7
8			3				2	
	3					4		
		9	7	4	8			

215

284.

7	2						6	9
5								2
			4		1			
		7	6		2	4		
		3	1		8	6		
			9		5			
2								4
1	4						9	7

215

挑战极限

285.

1			5		8			
		7				8		
	5			4			9	
8				7				4
		1	6		4	7		
6				1				5
	4			2			6	
		3				9		
			8		3			7

215

286.

		7		3		4		
			1				8	
1		4		6				9
	5				8			
4		3				7		1
			2				6	
6				9		1		4
	9				5			
		2		7		3		

215

287.

7				2				3
	4				5		9	
		2				4		
			3		1		6	
3				8				5
	8		4		7			
		5				7		
	2		9				3	
1				6				2

215

288.

8			4			5		
	3			7			8	
		6			8			4
3			6			4		
	4			5			7	
		2			9			6
2			9			7		
	8			3			5	
		4			2			8

215

289.

						4	3	
	6	4			1			8
3			7		2			6
4			6		3			1
5			9		4			7
7			8			5	6	
	8	9						

216

290.

	3				5		1	
6				7				4
			9					
4				5		6		
	9		4		2		5	
		2		3				7
					1			
7				4				5
	8		3				9	

216

291.

1								4
	2	3				5	8	
	5	6	7		8	9	1	
		5	3		4	1		
				9				
		1	8		5	4		
	1	9	5		6	2	4	
	6	4				3	9	
8								5

216

292.

		2	9	4	5		6	
9								
			1	7	3			2
8		4				2		3
2		3		6		7		5
7		5				6		9
3			6	1	9			
								8
	4		3	8	2	9		

216

293.

	7		2	8				
	5		1			3	6	9
	9		3	5				
						4	9	8
6		9				5		3
1	3	4						
				4	2		7	
8	1	7			5		3	
				1	3		5	

216

294.

2			8			4		
	5			9			7	
		1			3			9
		5			9			4
	3			5			2	
9			2			5		
3			1			2		
	9			8			4	
		7			2			1

216

295.

5				1			7	9
9				3		5		
	7	4	8			2		
						8		
2	3			6			4	5
		5						
		7			2	1	8	
		6		7				3
1	2			8				7

217

296.

		2	9					6
	7		8				5	
9			3			1		
7	3	6			1			
				9				
			5			7	6	2
		5			3			9
	2				5		1	
6					9	5		

217

297.

				5	2	6	9	
2	8	9					4	
4							2	
9			3		7			
8								2
			2		1			6
	5							9
	9					1	7	5
	7	4	1	9				

217

298.

	5			9	2			6
		2					7	
4			8	3	1	5		
	8							5
	4						8	
3							4	
		6	1	2	7			4
	7					8		
2			4	5			9	

217

299.

	2	4	8					
	9			5		1	7	2
	7				3			4
		7						9
	8						2	
4						6		
5			3				9	
7	1	2		9			8	
					1	7	5	

217

300.

7						1		9
	6				9		4	
2		8		5		7		
	1							
		3				8		
							2	
		5		8		2		3
	7		3				6	
8		2						1

217

301.

	2	9				6	4	
				9				
	1		2		3		8	
3								9
		4				5		
7								1
	9		4		1		3	
				6				
	3	5				7	1	

218

302.

	1			9				2
7	5					3	4	
		6					8	
			3		5			
4				8				7
			4		7			
	3					8		
	8	4					1	6
6				7			5	

218

303.

7								5
	2	5	8		6	1	9	
	9						8	
	5		6		1		7	
	6		3		5		2	
	7						3	
	4	2	1		7	5	6	
3								4

218

304.

	8						9	
		3		4		6		
		4	6		7	5		
	6						7	
	1			9			5	
	3						2	
		9	4		1	3		
		8		2		7		
	4						1	

218

305.

4							5	6
	3			7			9	8
	6		1					
		2						
			8	5	4			
						8		
					6		7	
5	4			9			1	
1	2							5

218

306.

			4		6			
		3				7		
	2						8	
1				5				9
			3		2			
9				8				7
	6						2	
		5				3		
			9		7			

218

307.

				3		6		2
				5			3	4
			7					9
				8	5			
	7	6		9		8	1	
			4	6				
1					6			
3	5			7				
2		9		4				

219

308.

8						9		
		2	1				7	
	4	5	7					2
	6	3		9				
			3	4	8			
				6		2	9	
4					2	7	6	
	2				3	8		
		8						1

219

309.

					3			
		8	2	7				
	5					6		
	3				6			5
	6						4	
9			8				7	
		7					8	
				5	4	3		
			9					

219

310.

		9				7		
	3		5		6		1	
6				9				5
		2				8		
1				2				7
	5		1		3		2	
		8				9		

219

311.

	4	7						
5					3	1		
9			1				6	
		9					2	
	3					8		
	1				4			5
		6	2					7
						4	3	

219

312.

		8			7			3
				9			5	
6	4	5					8	
		9	3					1
			9		1			
3					2	6		
	5					3	7	2
	8			5				
1			2			5		

219

313.

	7	8	4	5			9	
3			1	8				5
								7
							6	3
9	5						2	8
2	8							
8								
5				3	4			9
	3			1	6	7	5	

220

314.

8			1				2	
			5			1		4
		1		4	9	3		
	7					5		
4								2
		9					7	
		7	3	5		6		
5		2			4			
	9				7			5

220

315.

		8						
	1			9		5	6	
	6		4		1			2
		5	3		9	7		
	2						4	
		4	2		6	9		
9			6		5		8	
	5	3		8			1	
						2		

220

316.

		6		4		2		
	5						7	
2			7		8			9
6			8	5	2			1
4			6	3	1			8
5			3		7			2
	7						1	
		8		2		6		

220

317.

8								
7			5	2			6	
					6	7	1	
	3	7			1			
2				6				7
			8			3	9	
	9	8	4					
	6			3	9			8
								4

220

318.

		9			2			
6	5							
	2	8	5	9			3	
		3			8			9
				5				
4			7			6		
	7			3	5	1	6	
							2	8
			4			5		

220

319.

				2			1	9
			3		1		2	
		5				3		
		1		3				2
9		4				8		7
5				4		9		
		9				2		
	5		6		3			
7	6			8				

221

320.

1						9	2	
				2				6
			8		6	7		
	5	1			8		6	
			9		7			
	8		3			5	9	
		9	6		3			
8				7				
	6	4						1

221

321.

					8	3		
	3	1		6				5
		4	5				7	
	6		4			2	9	
	7	8			2		5	
	5				7	9		
1				3		5	4	
		3	6					

221

322.

	8		1		4	9		5
		4			3			6
			8					2
			7			3	4	
	1	5			8			
2					6			
8			4			2		
4		3	5		2		7	

221

323.

		9			8			
	5				3		9	
	8	3		9		4		
						9	3	
	3		4		6		1	
	7	2						
		7		2		3	4	
	4		7				6	
			8			2		

221

324.

6					2			
5		1						8
			8	1			9	
	8			3	7			
1		5				7		9
			9	5			8	
	2			9	4			
7						1		4
			7					3

221

325.

	6			1	8			4
			3				8	
		3				1		6
			2					9
	5		9		7		3	
3					6			
7		9				2		
	8				5			
5			1	7			6	

222

326.

3					7			
	1			9		7		
5	2						4	
1		3			9		5	
				6				
	4		5			2		6
	5						7	3
		6		5			8	
			8					1

222

327.

					1		6	
	5		2		7	1		
		6	8			5		
						6	3	
8				3				1
	1	4						
		1			9	8		
		5	6		4		9	
	2		7					

222

328.

	3	1	6					2
9			2				4	
		8			3			9
8		7						
			5		7			
						1		8
3			4			9		
	5				6			1
7					5	2	6	

222

329.

	5							8
				2		9	6	
8	2				1	3		
1	4					7		
			7		3			
		6					3	4
		7	9				1	3
	6	2		8				
9							8	

222

330.

						7		
	9	2		8				
8					3		9	
5	7		2			6		
	1			9			3	
		3			4		5	7
	5		1					4
				4		1	6	
		4						

222

331.

	3		6					
					9			7
4			8			2	9	
	4						1	9
3			2		5			6
8	1						5	
	5	3			6			4
9			1					
					2		7	

223

332.

		6				9		
	5			6			8	
	8		1		9		3	
1			9		6			7
				5				
5			4		8			3
	1		5		2		7	
	9			1			2	
		3				4		

223

333.

		4	6			2		
5		6					1	9
				2	8			
7		9		1				
			9		7			
				4		7		8
			4	7				
6	4					5		2
		1			6	4		

223

334.

					9	2		
	8		6		5			1
	5			2		4		
6					7			8
				9				
7			8					2
		2		5			6	
3			7		6		2	
		9	1					

223

335.

		7	5		3			9
		2	1					
	3			8				5
	2					7		
	7		4		8		6	
		1					4	
5				6			9	
					9	8		
2			7		5	3		

223

336.

8					6			
			4		1	5	7	
2			5			6		4
7		8					3	
	5					8		6
6		3			4			9
	9	4	7		5			
			1					7

223

337.

	4							
				1		5	9	
6		5	3				4	
			5	6	3	4		
		6	4	8	7			2
	8				9	1		4
	3	7		4				
							8	

224

338.

3						6		
		8		6				
	4		9			8		7
7				4	6	2		
			1		5			
		2	3	9				1
5		4			9		3	
				7		1		
		3						9

224

339.

		1			9		8	
8		5		2				
7			3					
		3			1	6	5	
	2						4	
	1	6	4			7		
					3			8
				1		4		6
	4		8			9		

224

340.

2					9			6
		8		4		5		
	4						3	
5			9		3			
	6						1	
			6		7			3
	7						9	
		2		8		4		
4			3					8

224

341.

			3		9		2	
6	3		7					
				4	1		7	
7							4	
		2		3		7		
	6							9
	5		1	8				
					2		8	1
	7		9		6			

224

342.

		7			3	5		
2			1					
			7	5				1
	6	3		4		9		
		5		3		2	6	
6				8	2			
					4			8
		9	5			4		

224

343.

					6	8		
	4			7			5	
3		8				7		
6				9				
	7		2		5		4	
				4				8
		1				3		2
	6			2			8	
		3	4					

225

344.

	9		1					
		3					8	
5	2				6			1
			2			9		
6	8						3	4
		2			8			
7			4				6	5
	5					3		
					1		9	

225

345.

3	1		2			6		5
		7			8		1	2
					5			
7						1		
	3						9	
		2						3
			8					
1	6		7			3		
2		5			3		4	8

225

346.

				6				
	3				4			7
6	5		3			9		
3	7		1					
		1				2		
					2		7	6
		9			1		2	8
7			4				5	
				8				

225

347.

			9		4	5		
				1			7	
	3	1		8				
1		4					2	
		5	1		8	4		
	9					1		7
				6		2	8	
	5			7				
		9	8		2			

225

348.

		3			8	6		
2	7		4			8		
1				2				
7	1							3
		5				1		
8							2	9
				1				6
		1			9		5	4
		6	3			2		

225

349.

	4					6		
	7			1			2	
	8	1			3			
			4	3				
4	6		8		7		9	1
				5	1			
			3			2	7	
	3			6			5	
		2					6	

226

350.

			3			2		
		7				3	1	
3					5	6	8	
				2	1		9	
			5		7			
	7		6	9				
	1	3	4					5
	9	2				8		
		5			6			

226

351.

2	7		5				6	
	5			1		2		9
						3		
				2		7		
			6		3			
		3		8				
		7						
5		1		6			4	
	3				8		9	5

226

352.

8				4			6	1
			7				3	
		5			8			
			1					6
2	6						4	7
9					2			
			4			5		
	8				9			
4	3			1				9

226

353.

		7		4		8		
	4	8		9		2	1	
5								3
			9		3			
8				2				9
			4		7			
6								2
	8	2		7		3	6	
		4		3		1		

226

354.

						5	9	
		2		5		6		
	5		8		6		4	
			3		4		8	
				2				
	3		6		1			
	4		5		2		3	
		7		4		1		
	2	8						

226

355.

				7				
	7		2		1		6	
2	1			8		4		
	6					7		
		7	4		3	2		
		8					3	
		6		1			7	5
	2		8		6		1	
				9				

227

356.

2				3			4	8
1				8		6		
	3	8	5			1		
						8		
8	1						2	9
		6						
		9			4	2	5	
		1		9				7
3	7			5				1

227

357.

		3	4					9
	6		7				2	
8			9			6		
3	9	5			4			
				5				
			1			2	8	5
		9			1			2
	5				6		4	
2					9	7		

227

358.

				7	9	2	3	
9	7	4					8	
3							1	
7			2		3			
1								2
			4		1			6
	5							1
	8					5	2	3
	3	1	6	5				

227

359.

	4			2	1			8
		6					5	
7			6	5	4	3		
	7							9
	9						8	
4							3	
		3	8	7	5			2
	5					8		
8			4	9			1	

227

360.

	8	6	1					
	3			5		4	6	1
	1				7			2
		4						5
	2						3	
6						1		
3			6				4	
9	4	5		2			1	
					3	2	5	

227

361.

9						7		3
	3				5		4	
6		7		3		8		
	9							
		4				2		
							6	
		2		9		4		8
	8		2				1	
7		5						9

228

362.

	1	4				2	7	
				7				
	5		2		3		9	
9								4
		1				6		
6								8
	3		4		5		1	
				3				
	8	2				3	4	

228

363.

	3			4				1
8	5					9	3	
		6					4	
			4		2			
1				6				5
			8		3			
	2					3		
	4	1					5	7
3				7			1	

228

364.

6								5
	7	9	6		5	2	4	
	5						6	
	8		7		6		3	
	4		2		8		1	
	3						7	
	9	5	1		4	6	8	
7								1

228

365.

		1		5		3		
3		9	4		6	5		8
9		3	5		8	6		7
7		4	1		3	8		9
1		5	8		2	4		6
		8		4		2		

228

精选数独题目答案

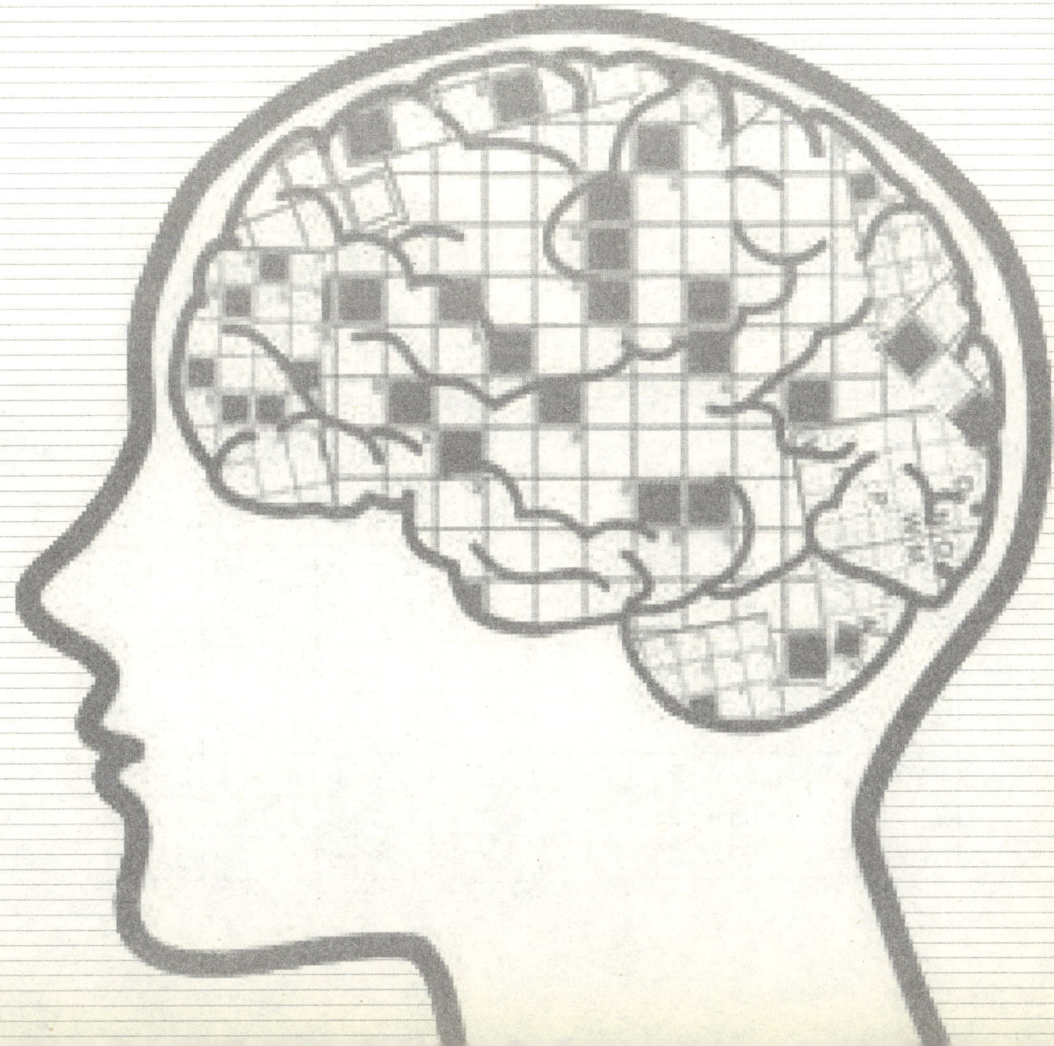

001.

7	1	4	3	8	5	2	9	6
8	5	9	2	6	7	1	3	4
3	6	2	9	1	4	8	7	5
5	9	7	8	4	1	6	2	3
1	4	6	7	2	3	5	8	9
2	8	3	6	5	9	4	1	7
6	7	5	1	9	8	3	4	2
4	3	1	5	7	2	9	6	8
9	2	8	4	3	6	7	5	1

002.

9	1	8	2	6	7	5	4	3
4	3	2	8	5	1	6	9	7
6	7	5	9	3	4	1	8	2
7	9	1	5	8	6	2	3	4
5	2	4	7	9	3	8	6	1
3	8	6	1	4	2	7	5	9
2	6	9	3	7	8	4	1	5
8	5	7	4	1	9	3	2	6
1	4	3	6	2	5	9	7	8

003.

9	6	2	1	7	3	8	5	4
5	7	4	2	8	9	1	6	3
1	3	8	5	6	4	7	9	2
4	2	6	8	5	7	3	1	9
3	8	9	4	2	1	6	7	5
7	1	5	9	3	6	4	2	8
8	4	1	7	9	2	5	3	6
2	5	3	6	1	8	9	4	7
6	9	7	3	4	5	2	8	1

004.

9	2	8	5	3	4	1	7	6
6	4	7	1	2	8	9	5	3
1	3	5	6	9	7	4	2	8
8	6	2	4	1	9	7	3	5
5	1	3	7	8	2	6	4	9
4	7	9	3	6	5	8	1	2
2	8	4	9	5	1	3	6	7
7	9	6	2	4	3	5	8	1
3	5	1	8	7	6	2	9	4

005.

1	6	3	2	5	7	9	8	4
4	9	2	6	8	1	7	5	3
8	5	7	4	3	9	6	1	2
6	2	8	3	9	4	1	7	5
3	4	9	7	1	5	2	6	8
7	1	5	8	2	6	3	4	9
9	3	6	1	4	8	5	2	7
2	8	1	5	7	3	4	9	6
5	7	4	9	6	2	8	3	1

006.

9	6	4	7	2	3	8	1	5
5	1	2	8	4	6	7	3	9
7	3	8	5	9	1	2	4	6
8	7	1	6	5	4	3	9	2
4	2	3	9	1	8	6	5	7
6	5	9	2	3	7	1	8	4
2	4	6	1	8	9	5	7	3
1	9	7	3	6	5	4	2	8
3	8	5	4	7	2	9	6	1

007.

2	9	3	1	6	5	7	8	4
4	1	6	8	7	3	9	2	5
5	7	8	2	4	9	3	6	1
6	2	1	3	9	8	5	4	7
3	8	4	7	5	2	1	9	6
9	5	7	6	1	4	8	3	2
8	6	5	9	2	1	4	7	3
7	4	9	5	3	6	2	1	8
1	3	2	4	8	7	6	5	9

008.

8	9	4	5	7	2	3	6	1
6	5	1	8	3	4	2	7	9
2	7	3	1	9	6	5	4	8
9	1	7	4	8	5	6	3	2
4	8	6	3	2	7	9	1	5
3	2	5	9	6	1	7	8	4
7	4	2	6	1	9	8	5	3
5	6	8	2	4	3	1	9	7
1	3	9	7	5	8	4	2	6

009.

8	5	4	1	7	2	9	6	3
1	3	2	9	8	6	7	4	5
7	6	9	5	3	4	8	1	2
3	9	1	8	6	5	4	2	7
6	2	8	7	4	3	1	5	9
4	7	5	2	1	9	6	3	8
9	4	6	3	5	7	2	8	1
5	8	7	6	2	1	3	9	4
2	1	3	4	9	8	5	7	6

010.

4	9	2	1	3	6	5	8	7
3	5	7	8	9	2	4	6	1
8	1	6	5	4	7	9	3	2
9	2	5	6	1	4	3	7	8
7	6	3	2	5	8	1	4	9
1	4	8	9	7	3	2	5	6
2	3	4	7	6	9	8	1	5
5	7	9	3	8	1	6	2	4
6	8	1	4	2	5	7	9	3

011.

1	7	6	2	9	5	8	3	4
2	3	8	6	7	4	1	5	9
4	9	5	1	3	8	6	7	2
3	2	9	8	4	7	5	6	1
6	8	7	5	1	9	2	4	3
5	4	1	3	2	6	7	9	8
7	1	2	9	6	3	4	8	5
9	5	4	7	8	1	3	2	6
8	6	3	4	5	2	9	1	7

012.

9	3	8	6	7	2	4	5	1
4	6	2	1	5	9	3	7	8
5	1	7	8	3	4	2	6	9
6	5	4	2	8	3	9	1	7
2	7	9	5	1	6	8	4	3
1	8	3	9	4	7	6	2	5
8	4	1	3	6	5	7	9	2
7	9	5	4	2	8	1	3	6
3	2	6	7	9	1	5	8	4

013.

2	9	6	5	3	1	7	4	8
4	1	7	8	6	9	3	5	2
3	5	8	4	7	2	9	6	1
1	7	3	2	9	4	6	8	5
6	8	4	7	5	3	2	1	9
9	2	5	6	1	8	4	3	7
7	4	9	3	8	5	1	2	6
5	6	2	1	4	7	8	9	3
8	3	1	9	2	6	5	7	4

014.

1	2	8	5	7	9	6	4	3
7	4	6	1	3	2	8	5	9
5	9	3	8	4	6	1	7	2
8	1	4	3	2	5	9	6	7
3	7	9	4	6	8	2	1	5
2	6	5	9	1	7	4	3	8
4	3	2	7	8	1	5	9	6
6	5	1	2	9	3	7	8	4
9	8	7	6	5	4	3	2	1

015.

1	6	5	8	9	3	2	7	4
2	4	8	7	6	1	9	5	3
3	9	7	2	4	5	6	8	1
4	2	1	9	5	7	3	6	8
5	8	3	6	1	2	4	9	7
6	7	9	3	8	4	1	2	5
7	3	6	4	2	8	5	1	9
8	5	2	1	3	9	7	4	6
9	1	4	5	7	6	8	3	2

016.

1	4	6	2	7	9	5	8	3
2	5	9	3	6	8	4	7	1
3	7	8	4	1	5	6	9	2
6	1	3	5	4	7	9	2	8
5	2	4	8	9	3	7	1	6
8	9	7	6	2	1	3	5	4
4	8	2	7	5	6	1	3	9
9	3	5	1	8	4	2	6	7
7	6	1	9	3	2	8	4	5

017.

1	8	9	6	5	7	4	2	3
4	5	7	3	2	8	9	1	6
6	2	3	4	1	9	5	8	7
8	7	4	5	3	2	6	9	1
5	6	1	9	8	4	3	7	2
3	9	2	1	7	6	8	4	5
9	1	8	7	6	5	2	3	4
7	4	5	2	9	3	1	6	8
2	3	6	8	4	1	7	5	9

018.

1	2	3	8	7	5	9	4	6
8	4	5	2	9	6	3	1	7
9	7	6	1	3	4	8	5	2
2	3	7	4	6	9	5	8	1
4	5	8	3	2	1	6	7	9
6	9	1	7	5	8	2	3	4
3	1	2	9	8	7	4	6	5
5	8	4	6	1	2	7	9	3
7	6	9	5	4	3	1	2	8

019.

9	1	6	7	3	8	5	2	4
7	5	3	9	2	4	8	1	6
2	8	4	1	6	5	9	7	3
6	9	5	8	1	7	4	3	2
4	3	1	5	9	2	6	8	7
8	7	2	6	4	3	1	9	5
1	4	9	3	7	6	2	5	8
5	6	7	2	8	9	3	4	1
3	2	8	4	5	1	7	6	9

020.

4	7	3	8	9	2	5	6	1
5	8	6	1	4	3	7	9	2
9	1	2	7	5	6	8	4	3
7	2	8	9	3	5	6	1	4
6	9	4	2	1	8	3	7	5
1	3	5	6	7	4	2	8	9
3	6	1	5	8	9	4	2	7
8	4	9	3	2	7	1	5	6
2	5	7	4	6	1	9	3	8

021.

5	6	8	1	4	3	2	9	7
9	1	7	5	2	8	6	3	4
3	2	4	6	9	7	8	5	1
4	3	6	8	7	9	1	2	5
7	8	1	3	5	2	9	4	6
2	5	9	4	1	6	3	7	8
6	9	5	7	3	1	4	8	2
8	7	2	9	6	4	5	1	3
1	4	3	2	8	5	7	6	9

022.

1	9	8	4	7	5	2	3	6
6	2	4	3	8	9	5	7	1
3	7	5	6	2	1	9	8	4
2	3	7	5	1	4	8	6	9
8	1	6	2	9	7	3	4	5
5	4	9	8	6	3	7	1	2
4	8	2	9	3	6	1	5	7
7	6	3	1	5	2	4	9	8
9	5	1	7	4	8	6	2	3

023.

7	2	8	4	1	9	5	3	6
9	5	3	7	8	6	2	1	4
4	1	6	2	5	3	7	9	8
5	7	2	1	9	8	4	6	3
1	3	9	6	4	7	8	5	2
8	6	4	5	3	2	1	7	9
3	8	5	9	7	4	6	2	1
6	9	1	8	2	5	3	4	7
2	4	7	3	6	1	9	8	5

024.

9	4	1	7	3	6	5	8	2
5	3	2	9	8	1	4	6	7
7	8	6	5	4	2	9	1	3
4	6	3	8	2	7	1	9	5
1	7	9	3	6	5	8	2	4
8	2	5	4	1	9	7	3	6
2	1	4	6	5	8	3	7	9
6	5	7	1	9	3	2	4	8
3	9	8	2	7	4	6	5	1

025.

1	7	5	4	3	9	8	6	2
4	6	9	8	2	1	5	7	3
2	3	8	7	6	5	4	1	9
7	9	4	2	5	8	1	3	6
8	5	3	1	7	6	2	9	4
6	2	1	3	9	4	7	8	5
5	4	7	6	8	3	9	2	1
9	8	6	5	1	2	3	4	7
3	1	2	9	4	7	6	5	8

026.

9	6	2	5	3	7	4	8	1
5	1	8	6	2	4	9	3	7
4	3	7	8	9	1	6	2	5
7	5	1	4	6	2	8	9	3
6	9	3	1	8	5	7	4	2
2	8	4	9	7	3	5	1	6
8	4	5	3	1	6	2	7	9
3	7	9	2	5	8	1	6	4
1	2	6	7	4	9	3	5	8

027.

6	7	1	2	3	4	5	8	9
8	5	2	1	7	9	4	6	3
3	9	4	6	8	5	1	2	7
2	3	5	8	6	1	9	7	4
4	6	9	7	5	2	3	1	8
1	8	7	9	4	3	6	5	2
7	2	3	4	1	6	8	9	5
9	4	6	5	2	8	7	3	1
5	1	8	3	9	7	2	4	6

028.

4	8	1	2	3	5	6	9	7
5	9	3	4	6	7	8	1	2
2	6	7	1	8	9	4	3	5
1	5	2	8	4	6	3	7	9
9	3	4	7	2	1	5	8	6
8	7	6	5	9	3	1	2	4
3	4	5	9	1	2	7	6	8
6	2	8	3	7	4	9	5	1
7	1	9	6	5	8	2	4	3

029.

6	3	2	7	8	5	9	1	4
8	7	5	1	9	4	6	2	3
9	4	1	3	6	2	7	8	5
4	8	3	2	1	9	5	7	6
1	9	7	6	5	3	2	4	8
2	5	6	4	7	8	1	3	9
5	1	4	8	2	6	3	9	7
3	2	9	5	4	7	8	6	1
7	6	8	9	3	1	4	5	2

030.

9	2	8	6	7	5	1	4	3
5	3	7	1	4	2	8	6	9
4	6	1	8	3	9	5	7	2
3	7	4	2	8	1	6	9	5
8	9	5	7	6	3	2	1	4
6	1	2	9	5	4	7	3	8
7	8	9	3	2	6	4	5	1
1	5	6	4	9	8	3	2	7
2	4	3	5	1	7	9	8	6

031.

6	3	7	1	4	5	2	8	9
4	5	9	3	8	2	6	7	1
8	2	1	9	6	7	3	4	5
5	8	2	4	7	1	9	6	3
7	6	3	8	2	9	5	1	4
9	1	4	6	5	3	8	2	7
2	7	6	5	9	4	1	3	8
3	4	5	2	1	8	7	9	6
1	9	8	7	3	6	4	5	2

032.

2	4	9	1	8	7	3	6	5
7	8	6	3	4	5	1	2	9
1	3	5	2	6	9	7	4	8
5	9	8	6	7	1	2	3	4
4	1	2	9	5	3	6	8	7
6	7	3	4	2	8	9	5	1
3	6	1	8	9	4	5	7	2
8	2	7	5	1	6	4	9	3
9	5	4	7	3	2	8	1	6

033.

6	1	5	7	9	8	3	2	4
4	7	2	5	3	1	6	9	8
9	3	8	4	2	6	7	1	5
1	9	7	2	8	3	5	4	6
3	2	4	6	1	5	9	8	7
5	8	6	9	7	4	1	3	2
8	6	1	3	4	7	2	5	9
2	5	3	8	6	9	4	7	1
7	4	9	1	5	2	8	6	3

034.

4	1	6	8	3	5	9	7	2
9	7	3	2	1	6	8	5	4
2	8	5	4	7	9	3	1	6
1	5	2	9	4	3	7	6	8
6	3	7	5	8	1	2	4	9
8	9	4	6	2	7	1	3	5
3	6	8	7	5	2	4	9	1
5	4	1	3	9	8	6	2	7
7	2	9	1	6	4	5	8	3

035.

5	3	2	4	8	1	7	9	6
1	7	4	6	9	3	8	2	5
9	6	8	2	7	5	1	4	3
3	1	6	7	2	8	4	5	9
2	9	7	5	6	4	3	8	1
4	8	5	3	1	9	6	7	2
6	4	3	9	5	7	2	1	8
7	5	1	8	3	2	9	6	4
8	2	9	1	4	6	5	3	7

036.

5	1	8	3	2	9	7	4	6
6	9	3	4	8	7	5	2	1
2	7	4	5	6	1	8	9	3
1	8	7	9	5	3	4	6	2
4	3	5	6	1	2	9	8	7
9	6	2	8	7	4	1	3	5
3	4	1	7	9	6	2	5	8
8	2	9	1	3	5	6	7	4
7	5	6	2	4	8	3	1	9

037.

6	3	2	4	5	9	7	8	1
8	4	5	3	7	1	6	2	9
7	9	1	8	2	6	5	3	4
5	7	4	2	3	8	1	9	6
1	6	8	7	9	5	2	4	3
3	2	9	6	1	4	8	5	7
9	1	3	5	6	2	4	7	8
4	5	6	9	8	7	3	1	2
2	8	7	1	4	3	9	6	5

038.

1	8	9	6	2	7	4	3	5
4	6	7	5	3	1	9	2	8
5	2	3	9	4	8	6	1	7
8	1	5	7	9	2	3	4	6
9	3	4	8	6	5	1	7	2
6	7	2	4	1	3	8	5	9
3	5	6	1	7	9	2	8	4
2	4	8	3	5	6	7	9	1
7	9	1	2	8	4	5	6	3

039.

7	9	6	4	2	1	8	5	3
2	3	5	8	6	7	9	1	4
4	8	1	3	5	9	2	7	6
3	6	9	5	1	4	7	8	2
8	1	7	9	3	2	6	4	5
5	2	4	7	8	6	3	9	1
9	7	2	6	4	5	1	3	8
6	4	3	1	7	8	5	2	9
1	5	8	2	9	3	4	6	7

040.

6	2	7	4	5	1	3	9	8
9	5	3	6	8	7	2	4	1
8	4	1	2	9	3	7	6	5
4	8	5	7	2	6	1	3	9
3	9	2	8	1	5	4	7	6
1	7	6	9	3	4	5	8	2
5	3	4	1	6	8	9	2	7
2	1	8	3	7	9	6	5	4
7	6	9	5	4	2	8	1	3

041.

1	9	8	2	5	7	6	4	3
6	7	3	4	9	8	2	5	1
2	5	4	6	3	1	8	9	7
9	1	2	3	8	6	4	7	5
4	8	7	1	2	5	9	3	6
3	6	5	7	4	9	1	2	8
7	4	1	5	6	2	3	8	9
8	2	6	9	7	3	5	1	4
5	3	9	8	1	4	7	6	2

042.

3	5	8	9	1	2	6	4	7
6	1	7	4	5	8	2	3	9
9	4	2	7	3	6	8	5	1
7	8	1	2	4	3	5	9	6
5	9	3	1	6	7	4	8	2
2	6	4	8	9	5	7	1	3
8	2	9	5	7	1	3	6	4
4	3	5	6	2	9	1	7	8
1	7	6	3	8	4	9	2	5

043.

8	4	2	9	7	1	3	6	5
9	6	7	2	5	3	4	1	8
3	5	1	6	4	8	2	9	7
7	9	4	8	1	6	5	2	3
5	3	6	4	9	2	8	7	1
1	2	8	5	3	7	6	4	9
6	8	9	7	2	5	1	3	4
2	7	3	1	8	4	9	5	6
4	1	5	3	6	9	7	8	2

044.

2	3	7	1	9	5	8	4	6
9	6	4	7	2	8	1	3	5
5	8	1	4	6	3	7	9	2
6	1	9	8	4	2	5	7	3
4	5	2	3	1	7	6	8	9
8	7	3	9	5	6	4	2	1
3	9	6	5	8	4	2	1	7
7	2	8	6	3	1	9	5	4
1	4	5	2	7	9	3	6	8

045.

3	8	5	6	1	4	2	7	9
1	9	6	2	8	7	4	5	3
4	2	7	3	5	9	8	1	6
5	4	3	7	2	1	6	9	8
6	7	9	5	3	8	1	2	4
8	1	2	9	4	6	5	3	7
9	3	1	8	6	2	7	4	5
2	5	8	4	7	3	9	6	1
7	6	4	1	9	5	3	8	2

046.

8	7	1	6	9	4	5	2	3
3	6	9	8	2	5	7	1	4
2	5	4	3	1	7	8	9	6
1	8	5	4	7	2	3	6	9
9	4	7	5	3	6	2	8	1
6	2	3	1	8	9	4	7	5
7	3	8	9	5	1	6	4	2
4	1	2	7	6	3	9	5	8
5	9	6	2	4	8	1	3	7

047.

5	2	1	8	7	4	9	3	6
8	9	4	6	2	3	7	5	1
3	6	7	5	9	1	2	4	8
9	5	6	1	4	7	8	2	3
2	7	3	9	5	8	6	1	4
4	1	8	2	3	6	5	9	7
6	3	5	4	8	2	1	7	9
7	8	2	3	1	9	4	6	5
1	4	9	7	6	5	3	8	2

048.

8	3	6	2	1	7	4	9	5
4	9	1	6	5	3	7	2	8
5	2	7	4	8	9	1	3	6
9	8	4	7	2	6	5	1	3
3	7	5	1	9	4	6	8	2
1	6	2	8	3	5	9	4	7
6	1	3	9	7	8	2	5	4
2	4	8	5	6	1	3	7	9
7	5	9	3	4	2	8	6	1

049.

5	1	6	3	2	7	8	9	4
2	7	3	8	9	4	6	1	5
8	4	9	5	6	1	2	3	7
6	5	1	2	4	9	3	7	8
4	8	7	1	5	3	9	6	2
3	9	2	7	8	6	5	4	1
1	3	8	9	7	2	4	5	6
9	6	5	4	1	8	7	2	3
7	2	4	6	3	5	1	8	9

050.

1	7	6	2	3	8	9	4	5
3	4	8	5	7	9	1	6	2
5	9	2	4	6	1	8	7	3
4	6	5	3	8	2	7	9	1
7	3	1	6	9	5	2	8	4
8	2	9	7	1	4	3	5	6
6	8	4	9	2	3	5	1	7
9	5	3	1	4	7	6	2	8
2	1	7	8	5	6	4	3	9

051.

2	3	7	8	9	1	4	5	6
4	5	6	3	2	7	8	9	1
8	9	1	4	5	6	7	2	3
5	6	8	9	3	4	1	7	2
9	4	3	1	7	2	5	6	8
7	1	2	5	6	8	9	3	4
3	8	5	6	4	9	2	1	7
1	2	9	7	8	3	6	4	5
6	7	4	2	1	5	3	8	9

052.

4	5	3	1	6	7	8	9	2
9	6	1	2	5	8	3	4	7
2	7	8	3	4	9	5	6	1
7	8	5	4	1	6	9	2	3
3	9	4	5	7	2	6	1	8
6	1	2	8	9	3	4	7	5
8	3	7	6	2	4	1	5	9
1	4	9	7	3	5	2	8	6
5	2	6	9	8	1	7	3	4

053.

9	4	5	1	6	7	8	2	3
6	7	8	2	3	5	4	9	1
1	2	3	4	8	9	5	6	7
2	8	6	7	4	3	1	5	9
3	5	7	8	9	1	6	4	2
4	9	1	5	2	6	3	7	8
5	1	2	3	7	4	9	8	6
7	3	9	6	5	8	2	1	4
8	6	4	9	1	2	7	3	5

054.

3	4	1	2	5	7	6	8	9
6	5	8	9	4	1	3	2	7
9	7	2	6	8	3	4	5	1
5	8	3	1	6	4	9	7	2
4	2	7	8	9	5	1	3	6
1	6	9	3	7	2	5	4	8
2	9	4	5	1	8	7	6	3
7	3	6	4	2	9	8	1	5
8	1	5	7	3	6	2	9	4

055.

9	7	1	2	5	3	4	6	8
2	8	3	4	1	6	7	9	5
4	5	6	9	7	8	1	2	3
5	1	9	3	8	7	6	4	2
3	6	2	5	9	4	8	1	7
7	4	8	6	2	1	3	5	9
6	2	4	7	3	5	9	8	1
1	9	7	8	4	2	5	3	6
8	3	5	1	6	9	2	7	4

056.

9	7	1	6	2	8	3	4	5
4	5	6	3	7	9	8	1	2
8	2	3	1	4	5	7	9	6
2	1	8	7	9	6	5	3	4
7	4	9	5	1	3	2	6	8
3	6	5	2	8	4	9	7	1
1	8	2	4	3	7	6	5	9
5	9	7	8	6	1	4	2	3
6	3	4	9	5	2	1	8	7

057.

1	2	3	9	4	5	8	6	7
5	4	6	2	7	8	9	3	1
7	8	9	1	6	3	4	2	5
9	1	4	6	8	2	5	7	3
2	3	7	4	5	9	6	1	8
6	5	8	7	3	1	2	9	4
8	6	1	3	2	4	7	5	9
3	7	5	8	9	6	1	4	2
4	9	2	5	1	7	3	8	6

058.

9	7	8	1	2	5	4	3	6
1	3	2	4	6	8	9	5	7
5	4	6	7	3	9	8	1	2
2	5	9	8	4	7	1	6	3
4	8	3	2	1	6	7	9	5
7	6	1	9	5	3	2	8	4
8	9	5	3	7	4	6	2	1
6	2	4	5	8	1	3	7	9
3	1	7	6	9	2	5	4	8

059.

8	9	2	3	1	4	5	6	7
5	1	3	6	7	8	2	9	4
4	6	7	5	9	2	1	3	8
3	7	1	9	4	5	6	8	2
9	2	8	7	3	6	4	1	5
6	5	4	2	8	1	9	7	3
7	8	5	1	2	9	3	4	6
2	3	9	4	6	7	8	5	1
1	4	6	8	5	3	7	2	9

060.

4	2	8	9	7	5	3	1	6
1	9	3	2	6	4	5	7	8
7	5	6	8	1	3	2	9	4
8	1	5	4	3	9	7	6	2
9	4	7	5	2	6	1	8	3
6	3	2	1	8	7	9	4	5
2	8	9	6	5	1	4	3	7
3	6	1	7	4	2	8	5	9
5	7	4	3	9	8	6	2	1

061.

3	5	8	2	4	1	6	9	7
7	6	1	9	5	3	8	4	2
9	2	4	8	6	7	3	1	5
1	7	5	4	8	2	9	6	3
8	4	2	6	3	9	5	7	1
6	3	9	1	7	5	2	8	4
2	8	7	3	9	4	1	5	6
4	9	3	5	1	6	7	2	8
5	1	6	7	2	8	4	3	9

062.

6	5	7	3	8	1	9	2	4
1	2	9	7	4	6	8	3	5
8	4	3	5	9	2	1	7	6
5	1	4	9	7	3	6	8	2
9	3	2	6	5	8	7	4	1
7	6	8	1	2	4	3	5	9
4	9	5	8	6	7	2	1	3
3	8	6	2	1	5	4	9	7
2	7	1	4	3	9	5	6	8

063.

8	6	1	2	3	4	9	5	7
4	7	9	5	6	1	2	8	3
3	2	5	9	7	8	1	6	4
9	5	8	1	4	3	6	7	2
7	1	2	8	5	6	3	4	9
6	3	4	7	2	9	5	1	8
5	9	6	4	8	2	7	3	1
1	4	3	6	9	7	8	2	5
2	8	7	3	1	5	4	9	6

064.

5	4	9	3	8	2	7	1	6
7	3	1	9	6	5	8	4	2
8	2	6	4	1	7	5	3	9
3	1	8	2	5	4	9	6	7
6	7	2	1	9	3	4	5	8
9	5	4	6	7	8	3	2	1
2	8	7	5	3	1	6	9	4
1	6	5	8	4	9	2	7	3
4	9	3	7	2	6	1	8	5

065.

1	2	9	8	7	3	4	6	5
3	7	6	1	5	4	2	8	9
8	4	5	2	6	9	3	1	7
2	9	7	3	1	6	5	4	8
4	6	8	5	9	2	7	3	1
5	1	3	4	8	7	9	2	6
7	5	4	6	3	1	8	9	2
6	8	2	9	4	5	1	7	3
9	3	1	7	2	8	6	5	4

066.

3	6	4	2	9	1	7	5	8
8	5	1	3	7	4	2	6	9
2	7	9	6	5	8	4	1	3
7	1	8	4	3	9	6	2	5
6	9	5	7	1	2	3	8	4
4	3	2	8	6	5	1	9	7
1	4	6	9	8	7	5	3	2
5	8	7	1	2	3	9	4	6
9	2	3	5	4	6	8	7	1

067.

8	2	1	6	9	7	4	3	5
7	9	6	5	3	4	8	2	1
3	5	4	2	1	8	7	6	9
2	8	7	1	6	9	3	5	4
5	6	9	7	4	3	1	8	2
1	4	3	8	5	2	9	7	6
6	3	5	4	7	1	2	9	8
4	7	8	9	2	6	5	1	3
9	1	2	3	8	5	6	4	7

068.

9	5	6	7	1	8	3	2	4
1	7	2	3	4	9	8	5	6
4	8	3	6	5	2	9	1	7
3	9	7	1	2	5	4	6	8
8	4	1	9	3	6	5	7	2
6	2	5	4	8	7	1	3	9
5	1	8	2	7	4	6	9	3
2	3	9	8	6	1	7	4	5
7	6	4	5	9	3	2	8	1

069.

8	1	6	4	2	3	7	5	9
5	3	4	1	9	7	6	8	2
9	2	7	8	5	6	3	4	1
1	7	9	6	8	2	4	3	5
3	6	5	7	1	4	9	2	8
2	4	8	9	3	5	1	6	7
7	5	3	2	6	1	8	9	4
4	9	2	3	7	8	5	1	6
6	8	1	5	4	9	2	7	3

070.

2	9	5	3	1	6	4	8	7
6	7	8	9	5	4	2	3	1
3	4	1	7	2	8	5	9	6
9	3	4	2	6	1	8	7	5
8	5	6	4	7	9	3	1	2
7	1	2	8	3	5	9	6	4
5	8	9	1	4	7	6	2	3
4	2	7	6	8	3	1	5	9
1	6	3	5	9	2	7	4	8

071.

2	8	6	5	9	3	4	7	1
7	4	5	2	8	1	3	9	6
9	3	1	6	4	7	5	2	8
5	9	8	3	1	2	6	4	7
3	1	7	8	6	4	2	5	9
6	2	4	9	7	5	1	8	3
4	5	9	1	3	8	7	6	2
8	7	3	4	2	6	9	1	5
1	6	2	7	5	9	8	3	4

072.

4	2	9	1	8	6	7	3	5
6	8	3	9	7	5	1	4	2
1	5	7	2	4	3	8	9	6
2	3	4	7	5	8	6	1	9
7	9	8	6	2	1	3	5	4
5	6	1	4	3	9	2	7	8
8	4	2	5	1	7	9	6	3
9	1	5	3	6	2	4	8	7
3	7	6	8	9	4	5	2	1

073.

1	9	8	6	4	7	5	3	2
7	5	2	8	9	3	1	4	6
4	3	6	2	1	5	7	9	8
2	4	7	9	8	1	6	5	3
6	1	3	4	5	2	9	8	7
9	8	5	3	7	6	4	2	1
8	2	9	1	6	4	3	7	5
5	6	4	7	3	8	2	1	9
3	7	1	5	2	9	8	6	4

074.

5	8	4	2	9	6	3	7	1
1	2	9	3	8	7	6	5	4
6	7	3	1	4	5	8	2	9
4	3	1	6	2	9	5	8	7
7	5	8	4	3	1	2	9	6
9	6	2	7	5	8	4	1	3
8	1	7	5	6	4	9	3	2
2	9	6	8	7	3	1	4	5
3	4	5	9	1	2	7	6	8

075.

6	9	4	1	3	5	7	8	2
2	1	7	8	6	9	3	4	5
8	3	5	4	2	7	6	9	1
4	2	8	9	7	6	5	1	3
3	5	1	2	4	8	9	6	7
7	6	9	3	5	1	8	2	4
5	8	2	6	1	3	4	7	9
9	4	3	7	8	2	1	5	6
1	7	6	5	9	4	2	3	8

076.

9	3	2	4	5	6	7	8	1
6	4	5	7	1	8	2	3	9
8	7	1	2	9	3	5	4	6
1	5	3	6	7	2	8	9	4
7	6	9	8	4	5	3	1	2
2	8	4	9	3	1	6	7	5
3	9	6	5	8	4	1	2	7
4	2	8	1	6	7	9	5	3
5	1	7	3	2	9	4	6	8

077.

4	5	2	9	6	3	7	8	1
6	7	9	8	1	5	2	3	4
8	3	1	2	4	7	9	5	6
5	8	3	6	2	9	4	1	7
7	9	4	3	8	1	5	6	2
1	2	6	5	7	4	3	9	8
2	1	5	7	3	6	8	4	9
9	4	7	1	5	8	6	2	3
3	6	8	4	9	2	1	7	5

078.

9	8	5	1	2	7	3	6	4
1	2	4	8	3	6	7	9	5
6	7	3	9	4	5	1	8	2
2	9	6	7	5	8	4	3	1
3	4	7	2	1	9	6	5	8
5	1	8	3	6	4	9	2	7
4	3	9	5	8	1	2	7	6
7	5	1	6	9	2	8	4	3
8	6	2	4	7	3	5	1	9

079.

7	1	8	9	2	3	6	4	5
4	2	5	6	1	7	3	8	9
6	9	3	4	8	5	7	1	2
1	7	6	2	4	8	5	9	3
8	5	2	3	9	1	4	6	7
3	4	9	5	7	6	8	2	1
9	6	4	7	5	2	1	3	8
5	3	1	8	6	9	2	7	4
2	8	7	1	3	4	9	5	6

080.

2	3	5	4	8	6	7	9	1
1	4	6	7	3	9	5	2	8
7	8	9	2	1	5	4	3	6
9	5	2	1	4	3	8	6	7
3	1	7	5	6	8	9	4	2
4	6	8	9	7	2	3	1	5
5	7	4	6	9	1	2	8	3
8	9	1	3	2	7	6	5	4
6	2	3	8	5	4	1	7	9

081.

9	1	6	4	7	2	8	5	3
7	2	3	8	5	1	4	9	6
8	4	5	6	3	9	7	1	2
5	3	1	7	2	4	6	8	9
2	6	7	9	8	5	1	3	4
4	8	9	1	6	3	2	7	5
1	5	4	2	9	7	3	6	8
3	7	8	5	4	6	9	2	1
6	9	2	3	1	8	5	4	7

082.

9	5	2	1	3	4	6	7	8
6	7	8	9	2	5	1	3	4
1	3	4	6	7	8	9	2	5
7	6	3	4	5	1	8	9	2
2	1	5	7	8	9	3	4	6
8	4	9	3	6	2	7	5	1
3	2	1	5	9	6	4	8	7
4	8	7	2	1	3	5	6	9
5	9	6	8	4	7	2	1	3

083.

5	6	7	8	4	9	1	2	3
8	9	2	1	3	5	7	6	4
3	1	4	6	7	2	5	8	9
4	7	9	3	1	6	8	5	2
6	8	3	2	5	4	9	1	7
1	2	5	7	9	8	4	3	6
7	3	8	4	6	1	2	9	5
2	5	6	9	8	7	3	4	1
9	4	1	5	2	3	6	7	8

084.

7	3	4	2	5	1	6	8	9
1	8	5	6	9	4	3	2	7
2	6	9	7	8	3	4	1	5
3	7	1	4	6	9	2	5	8
6	5	8	1	2	7	9	3	4
4	9	2	5	3	8	1	7	6
5	4	3	8	1	6	7	9	2
8	1	6	9	7	2	5	4	3
9	2	7	3	4	5	8	6	1

085.

8	2	5	9	3	1	4	6	7
9	3	6	4	7	8	5	2	1
1	4	7	5	2	6	3	8	9
2	6	3	7	1	4	8	9	5
4	1	8	2	5	9	6	7	3
7	5	9	8	6	3	1	4	2
3	7	4	6	9	5	2	1	8
5	8	2	1	4	7	9	3	6
6	9	1	3	8	2	7	5	4

086.

8	6	2	7	3	1	9	4	5
9	4	7	6	2	5	8	1	3
5	1	3	4	8	9	6	2	7
6	5	8	9	4	7	1	3	2
2	7	9	1	6	3	4	5	8
4	3	1	8	5	2	7	9	6
1	2	4	5	7	8	3	6	9
3	8	6	2	9	4	5	7	1
7	9	5	3	1	6	2	8	4

087.

7	5	3	6	9	2	1	8	4
1	6	9	5	4	8	2	7	3
4	2	8	3	1	7	5	6	9
3	4	6	8	7	5	9	2	1
5	9	1	2	6	4	7	3	8
2	8	7	9	3	1	6	4	5
6	7	4	1	5	3	8	9	2
8	3	5	7	2	9	4	1	6
9	1	2	4	8	6	3	5	7

088.

3	5	7	1	8	9	6	2	4
2	4	8	7	3	6	5	1	9
6	1	9	2	5	4	7	8	3
5	6	4	8	9	1	3	7	2
9	7	2	5	4	3	1	6	8
1	8	3	6	7	2	9	4	5
7	2	5	3	6	8	4	9	1
8	9	6	4	1	5	2	3	7
4	3	1	9	2	7	8	5	6

089.

3	1	9	5	7	6	8	2	4
2	7	5	4	8	1	9	6	3
8	4	6	2	9	3	7	1	5
7	9	1	3	2	4	5	8	6
6	2	3	8	1	5	4	7	9
4	5	8	7	6	9	2	3	1
9	6	7	1	5	2	3	4	8
5	3	2	6	4	8	1	9	7
1	8	4	9	3	7	6	5	2

090.

7	5	8	6	1	2	9	3	4
1	6	4	9	3	7	8	5	2
9	3	2	4	8	5	6	7	1
4	8	5	1	6	9	3	2	7
3	1	6	2	7	8	4	9	5
2	7	9	5	4	3	1	6	8
8	9	3	7	5	4	2	1	6
5	4	1	3	2	6	7	8	9
6	2	7	8	9	1	5	4	3

091.

1	5	7	2	3	6	8	4	9
9	3	6	8	1	4	2	7	5
8	2	4	7	9	5	6	1	3
3	4	8	1	7	9	5	2	6
2	6	1	4	5	3	9	8	7
5	7	9	6	2	8	4	3	1
4	8	5	3	6	7	1	9	2
6	1	3	4	9	2	7	5	8
7	9	2	5	8	1	3	6	4

092.

5	4	8	2	7	1	6	3	9
9	2	6	5	3	4	8	7	1
7	1	3	9	6	8	4	2	5
2	9	7	1	4	3	5	8	6
3	5	1	6	8	9	2	4	7
8	6	4	7	2	5	9	1	3
1	8	2	3	9	6	7	5	4
6	7	5	4	1	2	3	9	8
4	3	9	8	5	7	1	6	2

093.

9	6	3	4	5	8	2	7	1
8	7	5	1	6	2	3	4	9
2	1	4	9	7	3	5	6	8
3	9	1	8	4	5	7	2	6
7	4	2	3	9	6	8	1	5
5	8	6	7	2	1	4	9	3
1	3	7	2	8	9	6	5	4
4	5	8	6	1	7	9	3	2
6	2	9	5	2	4	1	8	7

094.

8	3	9	4	2	6	1	7	5
5	2	1	8	7	3	6	9	4
6	4	7	9	1	5	8	2	3
9	6	2	1	3	7	4	5	8
1	7	4	2	5	8	9	3	6
3	8	5	6	4	9	2	1	7
2	5	8	3	9	4	7	6	1
4	1	3	7	6	2	5	8	9
7	9	6	5	8	1	3	4	2

095.

8	9	3	7	1	4	2	5	6
5	1	7	3	6	2	8	4	9
2	6	4	9	5	8	1	7	3
7	4	5	1	8	6	3	9	2
3	2	1	5	9	7	6	8	4
9	8	6	4	2	3	5	1	7
6	3	9	8	4	5	7	2	1
4	7	8	2	3	1	9	6	5
1	5	2	6	7	9	4	3	8

096.

2	7	8	5	6	9	1	4	3
6	1	9	7	4	3	2	8	5
4	5	3	1	2	8	7	6	9
1	3	7	4	9	2	8	5	6
8	4	6	3	5	7	9	1	2
5	9	2	8	1	6	3	7	4
7	6	4	9	3	1	5	2	8
9	8	5	2	7	4	6	3	1
3	2	1	6	8	5	4	9	7

097.

3	7	6	5	1	8	2	4	9
5	4	9	2	3	6	1	7	8
2	1	8	9	4	7	6	3	5
7	8	2	1	9	4	5	6	3
9	6	4	3	8	5	7	2	1
1	5	3	6	7	2	9	8	4
6	3	7	8	5	1	4	9	2
8	2	1	4	6	9	3	5	7
4	9	5	7	2	3	8	1	6

098.

5	3	4	2	7	9	8	1	6
6	2	9	1	4	8	3	5	7
7	8	1	5	3	6	4	9	2
4	1	6	8	5	7	2	3	9
9	5	2	4	1	3	7	6	8
3	7	8	9	6	2	1	4	5
1	9	7	3	2	5	6	8	4
8	6	3	7	9	4	5	2	1
2	4	5	6	8	1	9	7	3

099.

1	2	3	4	5	6	7	8	9
8	7	9	2	3	1	6	4	5
5	6	4	9	8	7	3	1	2
7	8	1	5	2	3	4	9	6
9	4	5	1	6	8	2	7	3
2	3	6	7	9	4	1	5	8
3	5	7	6	1	9	8	2	4
6	1	2	8	4	5	9	3	7
4	9	8	3	7	2	5	6	1

100.

8	3	9	5	6	2	4	7	1
4	1	6	7	8	3	5	9	2
7	5	2	1	9	4	8	6	3
9	6	5	3	1	7	2	8	4
1	4	8	6	2	9	7	3	5
3	2	7	8	4	5	9	1	6
5	9	1	2	3	8	6	4	7
6	7	4	9	5	1	3	2	8
2	8	3	4	7	6	1	5	9

101.

1	2	3	9	4	5	8	6	7
5	8	4	6	7	3	2	9	1
7	6	9	1	8	2	3	5	4
6	5	2	8	1	7	9	4	3
9	3	7	4	5	6	1	2	8
4	1	8	2	3	9	5	7	6
3	7	6	5	9	8	4	1	2
8	9	1	7	2	4	6	3	5
2	4	5	3	6	1	7	8	9

102.

1	2	8	7	5	6	9	3	4
3	7	4	1	2	9	8	6	5
5	6	9	3	4	8	7	2	1
4	5	7	6	3	2	1	9	8
2	1	6	8	9	4	5	7	3
8	9	3	5	7	1	6	4	2
9	3	1	4	6	5	2	8	7
6	4	5	2	8	7	3	1	9
7	8	2	9	1	3	4	5	6

103.

1	2	7	8	5	9	6	3	4
8	6	4	7	3	2	5	9	1
5	3	9	6	4	1	8	2	7
9	1	8	2	6	4	3	7	5
3	5	6	1	9	7	2	4	8
4	7	2	3	8	5	1	6	9
6	4	3	5	7	8	9	1	2
2	9	5	4	1	6	7	8	3
7	8	1	9	2	3	4	5	6

104.

9	2	7	1	6	8	5	4	3
1	6	5	2	4	3	9	7	8
4	8	3	7	5	9	2	1	6
2	4	1	5	7	6	8	3	9
6	5	9	3	8	4	1	2	7
7	3	8	9	1	2	4	6	5
5	9	2	6	3	1	7	8	4
8	7	6	4	2	5	3	9	1
3	1	4	8	9	7	6	5	2

105.

3	9	4	1	6	2	5	8	7
6	2	5	7	8	4	3	9	1
8	1	7	5	9	3	6	2	4
1	7	2	8	3	5	4	6	9
5	4	6	9	2	7	1	3	8
9	8	3	4	1	6	7	5	2
7	5	9	6	4	8	2	1	3
4	3	8	2	5	1	9	7	6
2	6	1	3	7	9	8	4	5

106.

1	9	7	6	3	8	5	4	2
2	6	5	4	1	7	9	8	3
3	4	8	9	2	5	6	7	5
6	1	2	8	5	4	7	3	9
7	8	4	3	9	1	6	2	5
5	3	9	7	6	2	8	1	4
9	2	6	1	8	3	4	5	7
4	5	1	2	7	9	3	6	8
8	7	3	5	4	6	2	9	1

107.

5	7	9	8	1	6	3	2	4
2	8	4	3	5	9	7	1	6
1	3	6	7	2	4	5	9	8
3	6	2	1	9	7	4	8	5
4	5	1	2	3	8	6	7	9
7	9	8	4	6	5	1	3	2
6	1	5	9	8	3	2	4	7
8	4	3	6	7	2	9	5	1
9	2	7	5	4	1	8	6	3

108.

6	1	7	8	9	4	5	3	2
3	8	4	5	2	1	6	7	9
9	5	2	6	3	7	1	8	4
1	4	3	2	8	5	7	9	6
8	9	6	1	7	3	4	2	5
2	7	5	4	6	9	3	1	8
7	6	1	9	4	8	2	5	3
4	3	8	7	5	2	9	6	1
5	2	9	3	1	6	8	4	7

109.

8	4	5	9	2	3	6	1	7
6	9	3	8	7	1	4	2	5
2	7	1	4	5	6	3	8	9
5	8	2	6	1	7	9	4	3
3	6	9	5	8	4	2	7	1
7	1	4	2	3	9	5	6	8
4	5	8	7	9	2	1	3	6
9	3	6	1	4	8	7	5	2
1	2	7	3	6	5	8	9	4

110.

4	2	3	5	8	7	6	9	1
6	5	9	1	4	3	7	8	2
8	1	7	6	2	9	3	4	5
9	4	6	7	1	2	8	5	3
2	8	5	3	6	4	9	1	7
3	7	1	8	9	5	4	2	6
1	3	8	9	5	6	2	7	4
5	6	2	4	7	8	1	3	9
7	9	4	2	3	1	5	6	8

111.

6	5	8	9	4	1	7	3	2
7	4	1	2	3	5	8	6	9
9	3	2	7	6	8	4	5	1
4	9	6	8	5	7	2	1	3
5	1	7	4	2	3	9	8	6
2	8	3	6	1	9	5	7	4
8	6	5	1	9	4	3	2	7
1	7	4	3	8	2	6	9	5
3	2	9	5	7	6	1	4	8

112.

3	2	1	4	6	9	5	8	7
5	4	8	7	3	1	2	6	9
6	7	9	2	5	8	4	3	1
2	1	6	3	8	4	9	7	5
9	5	3	6	2	7	1	4	8
4	8	7	9	1	5	3	2	6
7	9	2	1	4	6	8	5	3
1	3	5	8	7	2	6	9	4
8	6	4	5	9	3	7	1	2

113.

4	2	8	5	3	1	6	9	7
3	6	1	2	9	7	5	4	8
9	5	7	6	4	8	3	1	2
5	7	4	9	1	6	8	2	3
8	3	9	4	5	2	7	6	1
6	1	2	8	7	3	9	5	4
7	9	3	1	2	5	4	8	6
1	4	6	3	8	9	2	7	5
2	8	5	7	6	4	1	3	9

114.

1	2	8	9	4	7	5	3	6
5	9	3	8	6	1	4	2	7
7	6	4	2	3	5	1	8	9
3	8	1	4	7	2	6	9	5
6	4	2	5	8	9	7	1	3
9	5	7	3	1	6	8	4	2
4	7	6	1	2	3	9	5	8
2	1	9	7	5	8	3	6	4
8	3	5	6	9	4	2	7	1

115.

5	8	1	9	3	2	7	6	4
3	7	9	4	6	5	8	1	2
6	2	4	1	8	7	5	3	9
8	3	5	6	7	4	2	9	1
1	4	7	2	5	9	6	8	3
2	9	6	3	1	8	4	7	5
7	1	8	5	4	3	9	2	6
9	5	3	8	2	6	1	4	7
4	6	2	7	9	1	3	5	8

116.

5	2	3	6	8	1	9	7	4
6	1	7	3	9	4	2	8	5
8	4	9	5	2	7	6	3	1
2	8	4	9	3	6	1	5	7
9	7	1	4	5	2	3	6	8
3	6	5	1	7	8	4	9	2
7	3	2	8	1	9	5	4	6
4	5	8	2	6	3	7	1	9
1	9	6	7	4	5	8	2	3

117.

9	1	2	7	8	4	3	5	6
6	8	7	3	5	9	4	1	2
5	4	3	2	6	1	9	7	8
7	3	4	1	2	6	8	9	5
8	5	6	9	4	7	1	2	3
1	2	9	5	3	8	6	4	7
2	9	1	8	7	3	5	6	4
3	6	5	4	1	2	7	8	9
4	7	8	6	9	5	2	3	1

118.

5	1	7	4	2	9	3	8	6
2	3	4	6	8	7	5	1	9
6	8	9	5	1	3	7	4	2
7	4	2	9	5	1	8	6	3
8	9	5	7	3	6	4	2	1
1	6	3	8	4	2	9	7	5
3	2	8	1	7	5	6	9	4
4	5	6	2	9	8	1	3	7
9	7	1	3	6	4	2	5	8

119.

6	5	9	3	7	1	8	2	4
8	2	1	4	9	6	3	7	5
3	4	7	5	8	2	1	9	6
4	9	3	8	6	5	7	1	2
5	1	2	9	3	7	6	4	8
7	6	8	2	1	4	9	5	3
9	3	4	7	5	8	2	6	1
1	8	5	6	2	9	4	3	7
2	7	6	1	4	3	5	8	9

120.

2	7	3	9	1	6	4	5	8
1	9	5	4	8	7	3	2	6
8	4	6	2	5	3	7	9	1
3	1	4	5	7	8	9	6	2
9	2	8	6	4	1	5	7	3
6	5	7	3	2	9	8	1	4
7	3	9	8	6	2	1	4	5
4	8	2	1	9	5	6	3	7
5	6	1	7	3	4	2	8	9

121.

5	2	6	9	8	4	1	3	7
4	7	9	6	3	1	5	8	2
3	1	8	2	7	5	6	9	4
9	8	2	1	4	6	7	5	3
1	6	3	8	7	5	2	4	9
7	5	4	3	2	9	8	1	6
6	9	7	4	1	8	3	2	5
8	3	5	7	9	2	4	6	1
2	4	1	5	6	3	9	7	8

122.

1	5	7	2	3	6	8	4	9
9	3	6	8	1	4	2	7	5
8	2	4	7	9	5	6	1	3
3	4	8	1	7	9	5	2	6
2	6	1	4	5	3	9	8	7
5	7	9	6	2	8	4	3	1
4	8	5	3	6	7	1	9	2
6	1	3	9	4	2	7	5	8
7	9	2	5	8	1	3	6	4

123.

1	9	6	2	8	5	4	3	7
7	4	5	3	6	1	2	9	8
8	2	3	9	7	4	5	6	1
2	8	1	4	9	6	7	5	3
5	6	4	8	3	7	1	2	9
9	3	7	1	5	2	6	8	4
6	5	8	7	4	3	9	1	2
3	7	2	6	1	9	8	4	5
4	1	9	5	2	8	3	7	6

124.

8	9	4	5	3	2	6	7	1
3	7	6	9	4	1	8	2	5
1	5	2	7	8	6	9	3	4
7	4	9	6	2	3	5	1	8
2	1	3	4	5	8	7	6	9
6	8	5	1	7	9	3	4	2
5	3	7	2	9	4	1	8	6
9	2	1	8	6	7	4	5	3
4	6	8	3	1	5	2	9	7

125.

1	5	4	9	8	7	2	6	3
2	9	8	3	6	4	7	5	1
3	7	6	1	5	2	4	9	8
9	6	1	4	2	3	8	7	5
8	3	7	5	1	6	9	4	2
5	4	2	7	9	8	1	3	6
4	2	9	6	3	1	5	8	7
7	1	3	8	4	5	6	2	9
6	8	5	2	7	9	3	1	4

126.

2	8	7	5	4	3	6	1	9
4	1	5	2	9	6	7	3	8
9	6	3	8	7	1	5	2	4
8	2	1	7	6	4	9	5	3
3	5	9	1	8	2	4	6	7
7	4	6	9	3	5	1	8	2
6	7	4	3	5	8	2	9	1
5	3	2	4	1	9	8	7	6
1	9	8	6	2	7	3	4	5

127.

6	7	9	5	1	2	3	8	4
5	3	1	6	8	4	2	7	9
8	4	2	3	9	7	1	6	5
1	5	8	9	2	6	4	3	7
2	9	7	8	4	3	5	1	6
3	6	4	1	7	5	8	9	2
4	8	5	7	6	1	9	2	3
7	1	3	2	5	9	6	4	8
9	2	6	4	3	8	7	5	1

128.

9	8	2	3	7	1	5	4	6
4	7	1	8	6	5	9	3	2
3	6	5	9	4	2	1	7	8
6	3	4	5	8	7	2	9	1
5	1	9	4	2	6	7	8	3
8	2	7	1	3	9	6	5	4
2	4	6	7	9	8	3	1	5
7	5	3	6	1	4	8	2	9
1	9	8	2	5	3	4	6	7

129.

9	5	2	8	4	3	6	1	7
3	1	6	5	2	7	9	8	4
8	7	4	6	1	9	5	2	3
2	8	7	4	6	1	3	5	9
4	9	3	2	7	5	1	5	9
5	6	1	3	9	8	4	7	2
6	3	9	1	8	2	7	4	5
1	2	5	7	3	4	8	9	6
7	4	8	9	5	6	2	3	1

130.

2	9	4	3	8	5	1	6	7
7	5	3	6	1	4	2	9	8
6	1	8	7	2	9	3	4	5
8	7	6	1	9	3	4	5	2
3	4	5	8	7	2	6	1	9
9	2	1	4	5	6	7	8	3
4	6	9	5	3	7	8	2	1
5	8	7	2	6	1	9	3	4
1	3	2	9	4	8	5	7	6

131.

8	2	7	3	6	1	4	9	5
6	1	5	9	7	4	3	8	2
3	9	4	8	5	2	6	1	7
4	3	8	5	2	7	1	6	9
9	5	1	4	3	6	2	7	8
2	7	6	1	8	9	5	4	3
7	8	3	6	4	5	9	2	1
1	4	2	7	9	3	8	5	6
5	6	9	2	1	8	7	3	4

132.

7	3	5	9	6	4	8	1	2
2	1	4	8	7	3	5	9	6
9	8	6	2	1	5	4	3	7
4	5	9	7	8	2	3	6	1
1	2	3	4	5	6	7	8	9
6	7	8	3	9	1	2	5	4
5	9	2	6	3	7	1	4	8
8	4	1	5	2	9	6	7	3
3	6	7	1	4	8	9	2	5

133.

3	7	9	5	2	6	1	4	8
4	8	6	7	1	9	3	2	5
2	1	5	8	4	3	7	9	6
5	9	4	6	3	7	8	1	2
7	6	1	2	9	8	5	3	4
8	2	3	1	5	4	9	6	7
6	3	2	9	8	5	4	7	1
1	4	8	3	7	2	6	5	9
9	5	7	4	6	1	2	8	3

134.

4	6	5	7	3	1	9	2	8
3	9	1	8	2	4	6	5	7
8	7	2	9	6	5	4	3	1
6	1	3	5	8	2	7	4	9
9	8	4	1	7	3	2	6	5
2	5	7	6	4	9	1	8	3
7	4	8	3	1	6	5	9	2
5	3	6	2	9	7	8	1	4
1	2	9	4	5	8	3	7	6

135.

3	1	5	2	6	7	9	4	8
8	2	4	9	3	5	1	6	7
6	9	7	4	1	8	3	2	5
1	3	6	5	8	9	4	7	2
4	7	8	1	2	6	5	9	3
9	5	2	3	7	4	6	8	1
5	4	1	7	9	2	8	3	6
2	6	9	8	5	3	7	1	4
7	8	3	6	4	1	2	5	9

136.

9	2	8	3	5	7	6	4	1
1	3	4	6	2	8	9	5	7
5	6	7	1	4	9	2	8	3
2	7	5	8	1	4	3	9	6
4	8	3	2	9	6	7	1	5
6	1	9	7	3	5	4	2	8
8	5	2	4	6	3	1	7	9
3	9	1	5	7	2	8	6	4
7	4	6	9	8	1	5	3	2

137.

2	7	8	9	5	4	6	3	1
1	9	3	2	8	6	7	4	5
6	5	4	7	1	3	2	8	9
4	1	9	5	6	2	8	7	3
8	3	6	1	9	7	4	5	2
5	2	7	3	4	8	1	9	6
9	4	1	8	2	5	3	6	7
7	6	2	4	3	9	5	1	8
3	8	5	6	7	1	9	2	4

138.

1	4	5	6	7	2	8	9	3
3	6	9	8	4	5	1	7	2
7	8	2	3	9	1	4	5	6
4	2	7	5	3	9	6	1	8
9	5	6	4	1	8	2	3	7
8	3	1	2	6	7	9	4	5
5	7	4	9	8	6	3	2	1
6	1	3	7	2	4	5	8	9
2	9	8	1	5	3	7	6	4

139.

3	6	5	2	8	1	4	7	9
4	2	7	5	9	3	6	1	8
1	8	9	6	4	7	3	5	2
2	3	6	7	5	4	8	9	1
5	4	8	3	1	9	2	6	7
9	7	1	8	2	6	5	4	3
6	1	2	4	7	8	9	3	5
7	5	3	9	6	2	1	8	4
8	9	4	1	3	5	7	2	6

140.

7	1	2	9	6	8	5	3	4
6	5	8	4	3	7	1	2	9
4	9	3	5	1	2	7	6	8
3	2	9	1	7	5	8	4	6
5	4	7	8	9	6	3	1	2
1	8	6	2	4	3	9	7	5
9	7	4	6	8	1	2	5	3
8	3	5	7	2	4	6	9	1
2	6	1	3	5	9	4	8	7

141.

1	7	6	3	4	5	8	9	2
3	5	9	2	8	1	7	6	4
8	4	2	7	9	6	5	1	3
7	2	5	6	3	8	9	4	1
4	8	3	1	5	9	6	2	7
9	6	1	4	7	2	3	5	8
2	1	7	5	6	3	4	8	9
5	3	8	9	2	4	1	7	6
6	9	4	8	1	7	2	3	5

142.

1	6	4	2	3	7	5	8	9
5	3	7	6	9	8	1	4	2
9	2	8	1	4	5	6	7	3
4	8	5	9	2	6	7	3	1
3	1	6	8	7	4	9	2	5
7	9	2	3	5	1	4	6	8
6	5	1	7	8	2	3	9	4
8	4	3	5	6	9	2	1	7
2	7	9	4	1	3	8	5	6

143.

1	7	5	6	9	8	3	4	2
3	6	4	1	2	7	5	9	8
9	2	8	5	4	3	1	7	6
6	1	7	2	3	9	4	8	5
2	4	3	8	5	6	7	1	9
5	8	9	4	7	1	6	2	3
7	5	1	9	6	2	8	3	4
4	3	2	7	8	5	9	6	1
8	9	6	3	1	4	2	5	7

144.

1	8	2	7	4	5	9	6	3
4	7	9	3	2	6	1	8	5
5	3	6	8	1	9	2	4	7
8	9	5	6	7	2	4	3	1
2	4	1	5	3	8	7	9	6
7	6	3	1	9	4	8	5	2
3	2	8	9	5	7	6	1	4
6	1	7	4	8	3	5	2	9
9	5	4	2	6	1	3	7	8

145.

1	8	3	7	4	5	6	2	9
7	5	6	9	3	2	8	4	1
2	4	9	1	6	8	3	7	5
6	3	2	5	8	9	7	1	4
5	7	8	2	1	4	9	6	3
9	1	4	6	7	3	5	8	2
3	2	7	4	5	6	1	9	8
4	6	5	8	9	1	2	3	7
8	9	1	3	2	7	4	5	6

146.

8	2	7	9	4	6	3	5	1
4	9	5	3	2	1	6	7	8
6	1	3	7	5	8	9	2	4
1	5	9	4	3	2	7	8	6
7	3	6	1	8	9	5	4	2
2	4	8	6	7	5	1	3	9
3	8	1	5	6	4	2	9	7
9	7	2	8	1	3	4	6	5
5	6	4	2	9	7	8	1	3

147.

9	2	6	7	1	5	8	4	3
5	1	4	9	8	3	7	2	6
3	7	8	2	6	4	9	5	1
4	9	3	5	2	8	6	1	7
2	6	7	3	9	1	5	8	4
1	8	5	6	4	7	2	3	9
8	4	2	1	7	6	3	9	5
6	3	1	8	5	9	4	7	2
7	5	9	4	3	2	1	6	8

148.

8	7	6	9	2	4	1	3	5
1	9	4	7	3	5	6	2	8
3	2	5	6	1	8	4	9	7
4	8	7	5	6	3	2	1	9
6	5	3	1	9	2	7	8	4
2	1	9	4	8	7	3	5	6
7	4	2	8	5	1	9	6	3
5	6	1	3	7	9	8	4	2
9	3	8	2	4	6	5	7	1

149.

3	7	4	6	1	5	2	9	8
6	8	9	2	3	4	1	5	7
5	2	1	7	8	9	6	3	4
1	4	3	9	7	2	8	6	5
9	5	2	3	6	8	7	4	1
8	6	7	5	4	1	3	2	9
4	1	6	8	5	3	9	7	2
7	9	8	4	2	6	5	1	3
2	3	5	1	9	7	4	8	6

150.

4	7	9	2	8	1	3	5	6
6	1	3	7	9	5	2	8	4
5	2	8	6	4	3	1	7	9
2	5	6	1	3	7	4	9	8
9	8	1	4	5	2	6	3	7
7	3	4	9	6	8	5	1	2
3	4	7	8	1	6	9	2	5
8	6	5	3	2	9	7	4	1
1	9	2	5	7	4	8	6	3

151.

9	3	8	4	2	6	1	5	7
1	4	2	7	5	9	3	8	6
7	5	6	8	3	1	2	4	9
6	1	9	2	7	4	5	3	8
5	8	4	9	6	3	7	1	2
3	2	7	1	8	5	9	6	4
8	6	1	5	9	7	4	2	3
2	9	5	3	4	8	6	7	1
4	7	3	6	1	2	8	9	5

152.

3	4	1	9	6	5	7	8	2
2	5	9	7	3	8	1	6	4
7	8	6	4	1	2	3	9	5
9	1	8	5	2	3	4	7	6
4	2	5	6	7	1	8	3	9
6	7	3	8	4	9	5	2	1
5	6	7	3	9	4	2	1	8
1	3	4	2	8	6	9	5	7
8	9	2	1	5	7	6	4	3

153.

5	8	2	4	9	1	7	6	3
7	6	9	5	2	3	1	4	8
3	1	4	8	7	6	5	2	9
1	3	8	6	5	4	2	9	7
6	9	7	1	3	2	4	8	5
2	4	5	7	8	9	6	3	1
9	5	1	2	6	8	3	7	4
8	7	6	3	4	5	9	1	2
4	2	3	9	1	7	8	5	6

154.

5	3	4	9	8	7	1	2	6
6	9	7	2	4	1	3	8	5
1	8	2	6	3	5	7	9	4
8	7	3	1	2	4	6	5	9
2	6	9	3	5	8	4	1	7
4	5	1	7	6	9	2	3	8
3	4	5	8	1	6	9	7	2
7	1	6	5	9	2	8	4	3
9	2	8	4	7	3	5	6	1

155.

3	2	1	6	7	9	4	5	8
6	8	9	4	1	5	2	7	3
4	7	5	3	2	8	1	6	9
5	6	3	9	4	1	7	8	2
9	1	8	2	5	7	3	4	6
7	4	2	8	3	6	9	1	5
2	3	6	1	8	4	5	9	7
8	5	4	7	9	3	6	2	1
1	9	7	5	6	2	8	3	4

156.

8	1	7	5	2	4	3	6	9
5	4	2	3	9	6	8	7	1
9	3	6	8	7	1	5	2	4
3	6	1	9	4	2	7	5	8
2	5	4	7	3	8	9	1	6
7	8	9	1	6	5	4	3	2
4	2	3	6	8	7	1	9	5
1	7	8	2	5	9	6	4	3
6	9	5	4	1	3	2	8	7

157.

2	1	9	7	6	4	8	5	3
4	7	3	1	8	5	2	9	6
5	6	8	3	2	9	4	7	1
1	2	6	8	9	3	5	4	7
3	4	5	6	7	2	9	1	8
9	8	7	5	4	1	3	6	2
8	5	4	2	1	7	6	3	9
7	9	2	4	3	6	1	8	5
6	3	1	9	5	8	7	2	4

158.

2	1	8	9	4	5	3	7	6
4	6	9	1	7	3	5	8	2
3	7	5	6	2	8	9	1	4
1	2	4	3	6	7	8	9	5
8	3	7	4	5	9	2	6	1
5	9	6	2	8	1	7	4	3
9	4	2	8	3	6	1	5	7
6	5	1	7	9	2	4	3	8
7	8	3	5	1	4	6	2	9

159.

7	3	1	6	9	8	2	4	5
8	2	4	3	1	5	7	9	6
5	6	9	7	4	2	8	3	1
3	8	7	4	5	6	1	2	9
4	5	2	1	7	9	3	6	8
1	9	6	8	2	3	5	7	4
9	7	3	5	8	4	6	1	2
6	4	8	2	3	1	9	5	7
2	1	5	9	6	7	4	8	3

160.

2	4	8	5	6	9	7	3	1
6	5	7	1	3	2	4	9	8
9	1	3	7	8	4	5	6	2
8	7	9	4	5	1	6	2	3
4	6	1	8	2	3	9	5	7
5	3	2	9	7	6	1	8	4
3	9	4	6	1	8	2	7	5
1	2	5	3	9	7	8	4	6
7	8	6	2	4	5	3	1	9

161.

3	1	6	4	7	9	5	2	8
5	7	2	1	8	3	6	9	4
4	9	8	2	5	6	7	1	3
2	5	1	9	6	4	3	8	7
9	4	7	3	2	8	1	5	6
8	6	3	7	1	5	9	4	2
7	3	5	8	4	1	2	6	9
6	2	4	5	9	7	8	3	1
1	8	9	6	3	2	4	7	5

162.

8	5	3	4	9	2	1	7	6
4	2	7	8	6	1	9	5	3
1	9	6	3	5	7	2	8	4
5	3	4	6	7	9	8	2	1
9	8	2	1	3	4	5	6	7
7	6	1	2	8	5	3	4	9
2	1	5	9	4	6	7	3	8
6	7	8	5	1	3	4	9	2
3	4	9	7	2	8	6	1	5

163.

4	5	9	8	3	1	2	6	7
1	7	8	9	2	6	3	5	4
3	2	6	7	5	4	8	1	9
6	8	4	1	9	3	7	2	5
9	1	7	5	8	2	6	4	3
5	3	2	6	4	7	1	9	8
2	9	5	3	6	8	4	7	1
8	4	1	2	7	5	9	3	6
7	6	3	4	1	9	5	8	2

164.

8	9	6	7	2	1	3	4	5
1	2	4	9	5	3	6	8	7
5	7	3	8	4	6	1	9	2
6	3	8	2	1	5	4	7	9
4	1	2	6	9	7	8	5	3
9	5	7	4	3	8	2	1	6
3	8	9	1	7	2	5	6	4
2	4	1	5	6	9	7	3	8
7	6	5	3	8	4	9	2	1

165.

4	7	1	2	6	5	3	8	9
2	6	5	9	8	3	4	1	7
8	3	9	7	1	4	6	5	2
6	9	3	1	4	8	2	7	5
7	8	4	3	5	2	9	6	1
5	1	2	6	9	7	8	3	4
3	4	8	5	7	9	1	2	6
9	5	6	8	2	1	7	4	3
1	2	7	4	3	6	5	9	8

166.

7	6	2	8	9	1	4	5	3
9	8	3	5	4	7	1	2	6
5	1	4	6	2	3	9	7	8
8	9	5	4	7	6	3	1	2
4	3	7	1	8	2	5	6	9
1	2	6	3	5	9	8	4	7
6	5	9	2	1	8	7	3	4
2	7	1	9	3	4	6	8	5
3	4	8	7	6	5	2	9	1

167.

1	2	6	5	7	8	4	3	9
5	7	4	9	2	3	1	6	8
8	9	3	1	4	6	2	7	5
3	4	1	6	8	9	7	5	2
9	5	2	7	1	4	6	8	3
6	8	7	2	3	5	9	4	1
4	6	9	8	5	1	3	2	7
2	1	8	3	6	7	5	9	4
7	3	5	4	9	2	8	1	6

168.

7	1	4	9	6	8	2	3	5
8	3	9	7	2	5	1	6	4
5	6	2	4	1	3	9	8	7
6	7	1	5	3	9	4	2	8
4	2	3	8	7	1	5	9	6
9	8	5	2	4	6	7	1	3
2	9	7	6	8	4	3	5	1
3	5	6	1	9	7	8	4	2
1	4	8	3	5	2	6	7	9

169.

2	1	6	5	4	7	3	9	8
5	8	7	2	9	3	4	6	1
4	9	3	8	1	6	7	5	2
8	2	4	1	6	9	5	7	3
9	3	5	7	2	8	1	4	6
6	7	1	4	3	5	8	2	9
1	6	2	3	5	4	9	8	7
3	5	8	9	7	2	6	1	4
7	4	9	6	8	1	2	3	5

170.

7	6	8	1	9	2	5	3	4
1	4	2	3	5	8	7	6	9
5	3	9	4	6	7	8	1	2
2	5	3	7	8	6	9	4	1
9	7	1	5	2	4	3	8	6
4	8	6	9	3	1	2	5	7
6	9	7	8	4	3	1	2	5
3	2	5	6	1	9	4	7	8
8	1	4	2	7	5	6	9	3

171.

2	5	1	6	7	4	8	9	3
7	3	8	9	1	2	4	5	6
9	4	6	8	3	5	7	1	2
6	7	5	1	4	3	9	2	8
4	8	3	2	6	9	5	7	1
1	9	2	7	5	8	6	3	4
3	2	4	5	8	7	1	6	9
8	6	7	3	9	1	2	4	5
5	1	9	4	2	6	3	8	7

172.

1	2	9	3	4	5	6	7	8
3	6	4	7	8	2	9	1	5
5	7	8	6	1	9	3	2	4
9	5	6	8	3	7	2	4	1
7	3	2	1	9	4	5	8	6
4	8	1	2	5	6	7	3	9
2	1	5	4	6	3	8	9	7
6	4	3	9	7	8	1	5	2
8	9	7	5	2	1	4	6	3

173.

2	3	1	4	5	6	7	8	9
7	9	8	1	2	3	4	5	6
6	4	5	7	8	9	1	2	3
1	8	3	6	9	7	2	4	5
4	5	2	3	1	8	6	9	7
9	6	7	5	4	2	3	1	8
8	1	6	9	3	4	5	7	2
3	2	4	8	7	5	9	6	1
5	7	9	2	6	1	8	3	4

174.

5	6	7	8	9	3	1	2	4
8	2	9	1	4	7	3	5	6
1	3	4	5	2	6	7	8	9
3	4	8	2	5	9	6	7	1
9	5	2	6	7	1	4	3	8
7	1	6	3	8	4	2	9	5
2	8	1	4	3	5	9	6	7
4	7	5	9	6	2	8	1	3
6	9	3	7	1	8	5	4	2

175.

7	4	1	2	3	5	9	6	8
2	8	9	1	6	7	4	3	5
3	6	5	8	9	4	2	7	1
4	9	6	5	7	8	1	2	3
8	5	2	3	1	9	6	4	7
1	3	7	4	2	6	8	5	9
9	1	3	7	4	2	5	8	6
5	7	4	6	8	1	3	9	2
6	2	8	9	5	3	7	1	4

176.

3	2	5	1	4	9	6	7	8
4	6	7	8	2	3	5	9	1
9	8	1	5	7	6	2	3	4
5	1	3	2	9	4	7	8	6
2	7	6	3	8	1	4	5	9
8	9	4	6	5	7	1	2	3
6	4	2	9	3	5	8	1	7
7	3	8	4	1	2	9	6	5
1	5	9	7	6	8	3	4	2

177.

5	7	8	3	9	4	6	1	2
6	9	4	1	7	2	5	8	3
1	2	3	5	6	8	7	9	4
8	1	9	4	2	6	3	7	5
2	4	5	7	1	3	8	6	9
7	3	6	8	5	9	2	4	1
3	6	7	2	4	1	9	5	8
9	8	1	6	3	5	4	2	7
4	5	2	9	8	7	1	3	6

178.

2	5	4	8	9	3	6	1	7
3	1	9	6	4	7	5	2	8
6	7	8	5	1	2	9	3	4
4	6	1	9	2	8	3	7	5
5	9	7	4	3	6	1	8	2
8	2	3	1	7	5	4	9	6
7	3	5	2	6	9	8	4	1
9	4	6	7	8	1	2	5	3
1	8	2	3	5	4	7	6	9

179.

3	4	1	8	9	7	2	6	5
8	5	6	3	1	2	7	4	9
9	2	7	4	5	6	3	8	1
2	6	3	5	8	9	1	7	4
1	8	4	7	2	3	9	5	6
5	7	9	1	6	4	8	2	3
6	1	2	9	4	8	5	3	7
4	3	5	2	7	1	6	9	8
7	9	8	6	3	5	4	1	2

180.

5	6	8	4	2	7	1	9	3
9	3	4	8	6	1	5	2	7
7	1	2	5	3	9	8	6	4
6	4	9	3	7	8	2	1	5
3	7	5	6	1	2	4	8	9
8	2	1	9	5	4	3	7	6
4	9	3	1	8	6	7	5	2
1	5	7	2	9	3	6	4	8
2	8	6	7	4	5	9	3	1

181.

1	9	3	5	4	6	7	2	8
5	6	2	3	8	7	9	1	4
8	7	4	2	1	9	6	3	5
3	8	9	7	5	4	1	6	2
6	1	7	9	2	8	5	4	3
4	3	5	6	3	1	8	9	7
9	3	6	4	7	5	2	8	1
7	4	8	1	9	2	3	5	6
2	5	1	8	6	3	4	7	9

182.

3	6	5	2	9	4	8	7	1
8	7	2	1	5	3	6	4	9
9	1	4	6	8	7	2	5	3
7	5	8	3	6	2	9	1	4
4	3	6	8	1	9	7	2	5
2	9	1	4	7	5	3	8	6
6	8	3	7	4	1	5	9	2
5	4	7	9	2	6	1	3	8
1	2	9	5	3	8	4	6	7

183.

3	7	9	6	1	4	8	5	2
8	4	5	9	3	2	6	1	7
6	1	2	5	8	7	3	4	9
1	2	8	4	5	6	7	9	3
4	9	3	2	7	1	5	8	6
5	6	7	3	9	8	4	2	1
2	8	4	7	6	9	1	3	5
7	3	1	8	2	5	9	6	4
9	5	6	1	4	3	2	7	8

184.

1	2	6	7	4	4	3	9	8
7	5	3	1	9	8	2	6	4
4	8	9	3	6	2	5	1	7
5	7	8	2	1	3	9	4	6
9	3	4	6	8	7	1	5	2
6	1	2	9	4	5	8	7	3
3	4	7	5	2	1	6	8	9
2	9	1	8	7	6	4	3	5
8	6	5	4	3	9	7	2	1

185.

2	5	8	6	1	3	9	4	7
6	3	7	9	4	5	2	8	1
1	4	9	2	7	8	5	6	3
9	7	5	3	8	2	6	1	4
4	8	6	5	9	1	3	7	2
3	1	2	4	6	7	8	9	5
5	9	4	1	3	6	7	2	8
8	2	1	7	5	9	4	3	6
7	6	3	8	2	4	1	5	9

186.

5	8	3	4	6	9	7	2	1
7	1	2	8	3	5	6	4	9
6	9	4	1	2	7	3	5	8
3	5	9	6	1	2	8	7	4
4	2	1	7	5	8	9	3	6
8	7	6	9	4	3	5	1	2
1	4	7	5	8	6	2	9	3
9	3	8	2	7	4	1	6	5
2	6	5	3	9	1	4	8	7

187.

8	3	5	2	1	6	7	9	4
9	7	1	4	3	5	2	8	6
4	6	2	9	8	7	3	1	5
5	8	7	6	9	2	1	4	3
6	1	3	8	7	4	5	2	9
2	9	4	3	5	1	8	6	7
7	2	6	5	4	8	9	3	1
1	4	9	7	2	3	6	5	8
3	5	8	1	6	9	4	7	2

188.

5	4	3	9	8	7	2	1	6
6	9	1	3	4	2	5	7	8
2	7	8	5	6	1	3	4	9
3	8	6	1	2	9	7	5	4
4	1	5	6	7	3	9	8	2
7	2	9	4	5	8	1	6	3
8	3	2	7	1	6	4	9	5
9	5	7	8	3	4	6	2	1
1	6	4	2	9	5	8	3	7

189.

8	6	9	2	7	5	1	3	4
7	1	2	3	4	9	6	8	5
3	4	5	6	1	8	9	2	7
4	7	8	5	6	2	3	9	1
2	3	1	8	9	7	4	5	6
9	5	6	4	3	1	8	7	2
1	2	7	9	8	6	5	4	3
6	9	4	7	5	3	2	1	8
5	8	3	1	2	4	7	6	9

190.

2	4	6	3	1	7	5	9	8
7	5	1	8	2	9	6	4	3
8	3	9	4	6	5	2	7	1
4	8	2	9	7	1	3	6	5
6	7	3	2	5	4	1	8	9
9	1	5	6	8	3	4	2	7
3	6	8	1	9	2	7	5	4
5	9	4	7	3	6	8	1	2
1	2	7	5	4	8	9	3	6

191.

8	7	4	5	1	2	6	3	9
1	3	2	7	9	6	4	5	8
6	5	9	8	4	3	1	7	2
4	9	1	3	5	7	8	2	6
7	2	6	9	8	1	3	4	5
5	8	3	2	6	4	9	1	7
2	1	5	6	3	8	7	9	4
9	4	8	1	7	5	2	6	3
3	6	7	4	2	9	5	8	1

192.

5	8	7	6	1	2	9	3	4
6	2	3	5	9	4	8	7	1
1	9	4	8	3	7	2	5	6
9	5	8	2	6	3	4	1	7
2	7	6	1	4	9	5	8	3
3	4	1	7	5	8	6	2	9
4	6	2	3	8	1	7	9	5
7	1	5	9	2	6	3	4	8
8	3	9	4	7	5	1	6	2

193.

6	3	4	5	9	8	7	1	2
2	9	5	1	6	7	8	3	4
1	8	7	2	3	4	6	9	5
9	2	3	8	5	6	1	4	7
5	7	6	3	4	1	2	8	9
4	1	8	9	7	2	3	5	6
8	6	9	7	1	5	4	2	3
7	5	1	4	2	3	9	6	8
3	4	2	6	8	9	5	7	1

194.

8	5	1	6	2	3	7	4	9
9	4	7	8	5	1	2	6	3
6	3	2	9	4	7	8	1	5
5	6	8	4	9	2	1	3	7
7	2	4	3	1	6	9	5	8
1	9	3	5	7	8	6	2	4
4	7	9	2	6	5	3	8	1
2	8	5	1	3	9	4	7	6
3	1	6	7	8	4	5	9	2

195.

6	5	4	3	9	2	1	8	7
1	7	2	6	8	4	9	5	3
9	3	8	5	1	7	4	6	2
7	4	5	9	6	8	3	2	1
8	2	9	7	3	1	6	4	5
3	1	6	4	2	5	7	9	8
5	6	7	8	4	3	2	1	9
4	8	1	2	7	9	5	3	6
2	9	3	1	5	6	8	7	4

196.

1	8	6	7	3	5	9	2	4
7	2	4	6	9	8	1	5	3
9	5	3	1	2	4	6	8	7
5	3	9	4	7	6	8	1	2
6	7	2	8	1	9	3	4	5
8	4	1	3	5	2	7	6	9
3	6	8	5	4	7	2	9	1
4	9	7	2	8	1	5	3	6
2	1	5	9	6	3	4	7	8

197.

5	4	7	8	9	2	6	3	1
6	9	2	1	3	5	7	8	4
1	8	3	7	4	6	5	9	2
8	7	5	9	2	4	3	1	6
2	6	4	3	1	8	9	5	7
9	3	1	6	5	7	4	2	8
4	1	8	5	6	9	2	7	3
7	5	6	2	8	3	1	4	9
3	2	9	4	7	1	8	6	5

198.

5	1	8	2	4	7	6	3	9
2	3	7	6	9	1	8	5	4
4	6	9	3	5	8	1	7	2
9	4	5	7	3	6	2	8	1
1	2	6	5	8	9	3	4	7
7	8	3	4	1	2	9	6	5
3	9	4	8	2	5	7	1	6
6	5	2	1	7	3	4	9	8
8	7	1	9	6	4	5	2	3

199.

9	2	4	5	1	8	3	6	7
6	8	1	2	7	3	9	5	4
7	3	5	9	4	6	8	1	2
2	5	3	1	6	4	7	9	8
4	6	7	8	2	9	1	3	5
1	9	8	7	3	5	4	2	6
8	7	9	6	5	1	2	4	3
5	4	2	3	9	7	6	8	1
3	1	6	4	8	2	5	7	9

200.

5	9	7	6	8	1	2	4	3
4	3	8	7	5	2	1	9	6
2	1	6	3	9	4	8	5	7
7	2	3	8	1	5	9	6	4
9	8	1	4	7	6	3	2	5
6	4	5	9	2	3	7	1	8
8	6	4	2	3	9	5	7	1
3	5	9	1	6	7	4	8	2
1	7	2	5	4	8	6	3	9

201.

2	3	1	5	9	4	8	7	6
9	8	7	1	6	3	4	2	5
6	4	5	7	8	2	1	9	3
8	2	4	9	1	6	5	3	7
3	1	6	4	5	7	2	8	9
5	7	9	2	3	8	6	1	4
4	9	3	8	2	5	7	6	1
1	5	8	6	7	9	3	4	2
7	6	2	3	4	1	9	5	8

202.

4	9	5	1	2	7	6	8	3
7	6	2	3	4	8	9	5	1
3	8	1	6	5	9	7	2	4
9	4	7	2	1	6	5	3	8
1	5	8	7	9	3	2	4	6
2	3	6	4	8	5	1	9	7
6	7	4	9	3	2	8	1	5
5	2	3	8	6	1	4	7	9
8	1	9	5	7	4	3	6	2

203.

9	7	3	1	4	8	6	2	5
6	2	4	3	5	9	1	8	7
8	5	1	2	7	6	3	4	9
3	6	9	5	8	2	4	7	1
1	4	5	7	6	3	8	9	2
7	8	2	4	9	1	5	6	3
4	3	7	8	2	5	9	1	6
5	9	8	6	1	7	2	3	4
2	1	6	9	3	4	7	5	8

204.

7	1	4	2	8	5	6	9	3
3	9	8	6	4	1	7	2	5
6	5	2	9	3	7	4	8	1
2	7	6	5	1	9	8	3	4
8	3	5	4	2	6	9	1	7
1	4	9	3	7	8	2	5	6
5	6	3	8	9	4	1	7	2
4	8	1	7	5	2	3	6	9
9	2	7	1	6	3	5	4	8

205.

4	2	8	9	3	7	6	5	1
1	7	9	4	6	5	2	3	8
5	6	3	8	2	1	9	7	6
7	5	1	6	8	4	3	2	9
3	8	4	7	9	2	1	6	5
2	9	6	5	1	3	8	4	7
6	4	2	1	7	9	5	8	3
8	1	5	3	4	6	7	9	2
9	3	7	2	5	8	4	1	6

206.

9	8	2	3	4	1	6	5	7
7	4	6	9	8	5	3	2	1
1	3	5	7	6	2	9	4	8
2	1	7	4	3	6	5	8	9
3	6	8	2	5	9	1	7	4
4	5	9	1	7	8	2	6	3
8	2	3	6	1	7	4	9	5
5	9	4	8	2	3	7	1	6
6	7	1	5	9	4	8	3	2

207.

7	5	9	3	1	6	8	2	4
8	1	2	7	9	4	3	5	6
6	3	4	2	5	8	1	7	9
5	8	9	6	2	7	4	3	1
4	7	1	8	3	5	6	9	2
3	2	6	9	4	1	5	8	7
9	4	7	5	6	3	2	1	8
1	8	5	4	7	2	9	6	3
2	6	3	1	8	9	7	4	5

208.

6	4	8	9	3	7	2	1	5
2	3	9	8	5	1	7	6	4
7	5	1	2	4	6	8	9	3
5	8	6	3	2	4	9	7	1
3	1	4	6	7	9	5	8	2
9	2	7	5	1	8	3	4	6
1	7	3	4	9	2	6	5	8
4	6	2	7	8	5	1	3	9
8	9	5	1	6	3	4	2	7

209.

9	7	1	4	3	6	8	5	2
3	4	2	1	8	5	9	6	7
6	5	8	2	9	7	4	1	3
7	1	3	8	5	4	2	9	7
2	8	6	9	1	3	7	4	5
4	9	5	7	6	2	3	8	1
5	2	7	6	4	9	1	3	8
1	6	9	3	7	8	5	2	4
8	3	4	5	2	1	6	7	9

210.

3	7	2	8	4	9	5	6	1
6	5	1	3	7	2	8	4	9
4	9	8	6	5	1	7	2	3
1	2	7	5	3	6	9	8	4
9	4	3	7	1	8	2	5	6
5	8	6	9	2	4	1	3	7
7	6	9	2	8	3	4	1	5
2	1	5	4	6	7	3	9	8
8	3	4	1	9	5	6	7	2

211.

3	1	9	5	7	2	6	8	4
4	8	6	3	9	1	7	5	2
7	2	5	4	8	6	3	1	9
8	6	3	7	2	5	9	4	1
1	7	4	9	3	8	2	6	5
5	9	2	6	1	4	8	3	7
6	5	8	2	4	9	1	7	3
2	3	1	8	5	7	4	9	6
9	4	7	1	6	3	5	2	8

212.

2	1	8	6	4	7	9	3	5
5	3	4	9	8	1	2	6	7
9	7	6	3	5	2	4	8	1
1	4	7	5	9	8	3	2	6
3	6	2	1	7	4	5	9	8
8	5	9	2	6	3	1	7	4
4	9	5	7	2	6	8	1	3
7	2	3	8	1	5	6	4	9
6	8	1	4	3	9	7	5	2

213.

2	7	4	3	9	8	5	1	6
1	6	5	4	7	2	3	8	9
8	3	9	6	1	5	2	7	4
4	8	3	1	2	6	9	5	7
9	1	2	7	5	3	6	4	8
6	5	7	9	8	4	1	2	3
3	9	1	2	4	7	8	6	5
5	4	6	8	3	1	7	9	2
7	2	8	5	6	9	4	3	1

214.

7	1	6	2	4	8	9	3	5
5	3	8	7	6	9	4	2	1
9	2	4	5	3	1	7	8	6
1	7	9	6	8	3	5	4	2
6	5	2	9	7	4	8	1	3
4	8	3	1	5	2	6	7	9
2	4	1	8	9	6	3	5	7
8	9	7	3	2	5	1	6	4
3	6	5	4	1	7	2	9	8

215.

9	2	8	1	5	3	4	6	7
7	6	3	4	2	9	1	5	8
5	4	1	8	6	7	9	3	2
6	8	4	9	7	1	5	2	3
3	7	5	2	4	8	6	1	9
1	9	2	6	3	5	7	8	4
4	3	7	5	8	6	2	9	1
2	1	6	3	9	4	8	7	5
8	5	9	7	1	2	3	4	6

216.

7	3	1	9	4	6	5	2	8
2	4	5	1	3	8	6	7	9
9	6	8	5	7	2	1	4	3
6	1	4	7	2	9	3	8	5
5	7	2	8	1	3	9	6	4
8	9	3	4	6	5	7	1	2
1	5	9	6	8	4	2	3	7
4	2	6	3	5	7	8	9	1
3	8	7	2	9	1	4	5	6

217.

3	7	2	8	4	9	5	6	1
6	5	1	3	7	2	8	4	9
4	9	8	6	5	1	7	2	3
1	2	7	5	3	6	9	8	4
9	4	3	7	1	8	2	5	6
5	8	6	9	2	4	1	3	7
7	6	9	2	8	3	4	1	5
2	1	5	4	6	7	3	9	8
8	3	4	1	9	5	6	7	2

218.

5	9	2	4	3	6	1	7	8
7	8	4	2	1	5	9	3	6
1	3	6	9	8	7	5	4	2
3	2	7	5	6	8	4	1	9
4	5	1	3	2	9	6	8	7
8	6	9	7	4	1	2	5	3
9	7	3	6	5	4	8	2	1
2	4	8	1	9	3	7	6	5
6	1	5	8	7	2	3	9	4

219.

9	8	1	6	5	7	2	3	4
2	4	6	3	9	8	5	1	7
7	5	3	4	2	1	6	9	8
8	3	7	9	4	6	1	5	2
1	9	4	2	7	5	3	8	6
5	6	2	1	8	3	4	7	9
3	1	9	7	6	2	8	4	5
4	2	5	8	1	9	7	6	3
6	7	8	5	3	4	9	2	1

220.

6	2	4	3	9	1	7	8	5
8	3	9	6	7	5	2	4	1
5	1	7	4	2	8	6	3	9
9	4	5	7	3	2	1	6	8
2	8	1	5	4	6	9	7	3
7	6	3	1	8	9	4	5	2
4	5	6	9	1	3	8	2	7
3	9	2	8	6	7	5	1	4
1	7	8	2	5	4	3	9	6

221.

8	2	3	6	7	9	5	1	4
5	1	4	8	3	2	9	6	7
6	7	9	1	5	4	2	3	8
4	9	8	2	6	7	1	5	3
1	5	7	9	4	3	8	2	6
3	6	2	5	8	1	4	7	9
2	3	1	4	9	6	7	8	5
7	4	5	3	2	8	6	9	1
9	8	6	7	1	5	3	4	2

222.

2	1	4	9	7	6	3	5	8
3	9	5	2	8	4	6	7	1
6	8	7	5	3	1	4	2	9
4	2	6	8	1	3	5	9	7
5	7	1	4	6	9	8	3	2
8	3	9	7	5	2	1	6	4
1	4	2	3	9	5	7	8	6
7	6	3	1	2	8	9	4	5
9	5	8	6	4	7	2	1	3

223.

6	7	3	4	2	8	1	5	9
1	5	4	6	9	7	2	8	3
8	2	9	5	1	3	4	6	7
4	9	7	1	6	2	8	3	5
5	8	1	9	3	4	6	7	2
2	3	6	7	8	5	9	4	1
9	6	8	3	5	1	7	2	4
7	1	5	2	4	6	3	9	8
3	4	2	8	7	9	5	1	6

224.

5	7	2	1	4	8	9	3	6
9	3	8	2	5	6	4	1	7
6	1	4	9	3	7	2	8	5
4	2	1	5	8	3	7	6	9
7	5	3	6	9	2	8	4	1
8	9	6	4	7	1	5	2	3
3	8	5	7	6	4	1	9	2
2	6	9	8	1	5	3	7	4
1	4	7	3	2	9	6	5	8

225.

1	4	6	5	7	8	3	9	2
5	9	7	3	2	1	8	6	4
2	3	8	4	6	9	1	5	7
6	5	4	9	8	3	2	7	1
8	1	9	2	4	7	5	3	6
3	7	2	1	5	6	4	8	9
4	6	5	8	9	2	7	1	3
7	8	3	6	1	4	9	2	5
9	2	1	7	3	5	6	4	8

226.

9	1	3	2	7	8	4	6	5
8	5	6	1	4	3	7	9	2
4	7	2	5	6	9	8	3	1
7	6	5	8	3	1	2	4	9
1	4	9	6	2	7	3	5	8
3	2	8	4	9	5	1	7	6
5	9	7	3	1	2	6	8	4
2	3	4	9	8	6	5	1	7
6	8	1	7	5	4	9	2	3

227.

7	9	5	1	3	4	6	8	2
1	3	6	8	5	2	7	9	4
4	8	2	7	9	6	1	5	3
9	1	8	3	2	7	5	4	6
3	6	4	5	8	9	2	7	1
5	2	7	6	4	1	8	3	9
8	7	9	2	6	3	4	1	5
6	5	3	4	1	8	9	2	7
2	4	1	9	7	5	3	6	8

228.

1	2	6	7	8	4	9	3	5
8	5	3	2	1	9	7	6	4
4	9	7	3	5	6	1	8	2
3	4	8	5	7	2	6	9	1
2	7	5	9	6	1	3	4	8
6	1	9	4	3	8	5	2	7
7	3	4	8	9	5	2	1	6
9	6	2	1	4	7	8	5	3
5	8	1	6	2	3	4	7	9

229.

6	5	8	3	4	7	2	9	1
4	2	9	1	6	5	7	3	8
1	7	3	9	8	2	6	4	5
2	3	1	4	5	8	9	7	6
7	9	5	2	3	6	8	1	4
8	6	4	7	1	9	3	5	2
9	8	7	5	2	4	1	6	3
5	1	6	8	7	3	4	2	9
3	4	2	6	9	1	5	8	7

230.

7	6	5	3	4	9	8	1	2
8	9	4	5	2	1	6	3	7
2	3	1	7	6	8	4	9	5
1	4	6	9	5	7	3	2	8
5	8	2	1	3	4	7	6	9
9	7	3	6	8	2	1	5	4
3	2	7	8	1	5	9	4	6
6	5	9	4	7	3	2	8	1
4	1	8	2	9	6	5	7	3

231.

2	3	1	5	4	7	6	8	9
9	8	4	2	1	6	7	5	3
6	5	7	8	3	9	2	4	1
5	9	6	3	2	4	1	7	8
3	1	2	6	7	8	5	9	4
7	4	8	9	5	1	3	6	2
1	6	3	4	8	5	9	2	7
4	2	5	7	9	3	8	1	6
8	7	9	1	6	2	4	3	5

232.

1	4	3	6	8	9	5	2	7
5	7	6	3	2	4	1	9	8
9	8	2	7	5	1	6	3	4
4	6	8	1	7	2	9	5	3
7	5	9	8	3	6	2	4	1
2	3	1	4	9	5	8	7	6
6	1	5	9	4	3	7	8	2
3	9	7	2	1	8	4	6	5
8	2	4	5	6	7	3	1	9

233.

5	3	4	7	8	1	6	2	9
9	7	6	2	3	5	4	1	8
8	2	1	9	4	6	3	5	7
6	5	7	1	9	8	2	4	3
1	9	3	4	5	2	8	7	6
2	4	8	3	6	7	5	9	1
7	1	5	8	2	3	9	6	4
4	8	2	6	1	9	7	3	5
3	6	9	5	7	4	1	8	2

234.

1	4	7	9	5	2	3	8	6
9	3	8	7	6	1	4	5	2
5	2	6	4	8	3	1	9	7
8	9	5	2	3	7	6	1	4
2	6	4	5	1	8	7	3	9
3	7	1	6	4	9	5	2	8
7	5	9	1	2	4	8	6	3
4	1	3	8	9	6	2	7	5
6	8	2	3	7	5	9	4	1

235.

3	8	9	7	1	4	6	2	5
6	4	2	3	9	5	7	8	1
5	1	7	8	2	6	4	3	9
4	2	6	1	7	9	8	5	3
7	5	3	4	8	2	1	9	6
1	9	8	6	5	3	2	4	7
8	6	5	9	4	7	3	1	2
9	7	4	2	3	1	5	6	8
2	3	1	5	6	8	9	7	4

236.

4	3	7	5	8	6	9	1	2
8	6	5	1	2	9	4	7	3
9	1	2	7	3	4	6	8	5
7	5	6	3	1	8	2	9	4
1	9	4	6	7	2	3	5	8
3	2	8	9	4	5	1	6	7
5	4	3	8	9	1	7	2	6
2	8	1	4	6	7	5	3	9
6	7	9	2	5	3	8	4	1

237.

8	7	3	2	6	5	9	4	1
4	6	5	1	7	9	2	8	3
2	9	1	8	4	3	5	6	7
5	8	9	7	3	2	4	1	6
3	2	4	6	8	1	7	5	9
6	1	7	9	5	4	8	3	2
9	4	2	5	1	6	3	7	8
1	3	8	4	2	7	6	9	5
7	5	6	3	9	8	1	2	4

238.

7	5	4	1	8	3	2	6	9
2	6	9	5	4	7	8	1	3
1	3	8	2	6	9	4	7	5
6	9	1	4	7	8	5	3	2
5	8	7	3	9	2	1	4	6
4	3	2	6	5	1	9	8	7
9	7	2	8	1	6	3	5	4
8	4	6	9	3	5	7	2	1
3	1	5	7	2	4	6	9	8

239.

7	4	1	6	9	2	8	5	3
2	9	3	4	5	8	7	6	1
5	8	6	3	1	7	9	2	4
4	6	9	8	3	1	2	7	5
1	3	7	9	2	5	4	8	6
8	5	2	7	6	4	3	1	9
9	1	5	2	8	3	6	4	7
6	2	4	1	7	9	5	3	8
3	7	8	5	4	6	1	9	2

240.

6	9	1	3	2	4	5	7	8
8	5	3	7	1	9	4	6	2
7	2	4	5	6	8	3	1	9
1	8	9	2	7	3	6	4	5
3	6	5	8	4	1	2	9	7
2	4	7	6	9	5	8	3	1
9	1	8	4	3	2	7	5	6
5	3	6	1	8	7	9	2	4
4	7	2	9	5	6	1	8	3

241.

7	1	2	9	6	8	5	3	4
6	5	8	4	3	7	1	2	9
4	9	3	5	1	2	7	6	8
3	2	9	1	7	5	8	4	6
5	4	7	8	9	6	3	1	2
1	8	6	2	4	3	9	7	5
9	7	4	6	8	1	2	5	3
8	3	5	7	2	4	6	9	1
2	6	1	3	5	9	4	8	7

242.

1	7	6	3	4	5	8	9	2
3	5	9	2	8	1	7	6	4
8	4	2	7	9	6	5	1	3
7	2	5	6	3	8	9	4	1
4	8	3	1	5	9	6	2	7
9	6	1	4	7	2	3	5	8
2	1	7	5	6	3	4	8	9
5	3	8	9	2	4	1	7	6
6	9	4	8	1	7	2	3	5

243.

1	6	4	2	3	7	5	8	9
5	3	7	6	9	8	1	4	2
9	2	8	1	4	5	6	7	3
4	8	5	9	2	6	7	3	1
3	1	6	8	7	4	9	2	5
7	9	2	3	5	1	4	6	8
6	5	1	7	8	2	3	9	4
8	4	3	5	6	9	2	1	7
2	7	9	4	1	3	8	5	6

244.

1	7	5	6	9	8	3	4	2
3	6	4	1	2	7	5	9	8
9	2	8	5	4	3	1	7	6
6	1	7	2	3	9	4	8	5
2	4	3	8	5	6	7	1	9
5	8	9	4	7	1	6	2	3
7	5	1	9	6	2	8	3	4
4	3	2	7	8	5	9	6	1
8	9	6	3	1	4	2	5	7

245.

1	8	2	7	4	5	9	6	3
4	7	9	3	2	6	1	8	5
5	3	6	8	1	9	2	4	7
8	9	5	6	7	2	4	3	1
2	4	1	5	3	8	7	9	6
7	6	3	1	9	4	8	5	2
3	2	8	9	5	7	6	1	4
6	1	7	4	8	3	5	2	9
9	5	4	2	6	1	3	7	8

246.

1	8	3	7	4	5	6	2	9
7	5	6	9	3	2	8	4	1
2	4	9	1	6	8	3	7	5
6	3	2	5	8	9	7	1	4
5	7	8	2	1	4	9	6	3
9	1	4	6	7	3	5	8	2
3	2	7	4	5	6	1	9	8
4	6	5	8	9	1	2	3	7
8	9	1	3	2	7	4	5	6

247.

8	2	7	9	4	6	3	5	1
4	9	5	3	2	1	6	7	8
6	1	3	7	5	8	9	2	4
1	5	9	4	3	2	7	8	6
7	3	6	1	8	9	5	4	2
2	4	8	6	7	5	1	3	9
3	8	1	5	6	4	2	9	7
9	7	2	8	1	3	4	6	5
5	6	4	2	9	7	8	1	3

248.

9	2	6	7	1	5	8	4	3
5	1	4	9	8	3	7	2	6
3	7	8	2	6	4	9	5	1
4	9	3	5	2	8	6	1	7
2	6	7	3	9	1	5	8	4
1	8	5	6	4	7	2	3	9
8	4	2	1	7	6	3	9	5
6	3	1	8	5	9	4	7	2
7	5	9	4	3	2	1	6	8

249.

8	7	6	9	2	4	1	3	5
1	9	4	7	3	5	6	2	8
3	2	5	6	1	8	4	9	7
4	8	7	5	6	3	2	1	9
6	5	3	1	9	2	7	8	4
2	1	9	4	8	7	3	5	6
7	4	2	8	5	1	9	6	3
5	6	1	3	7	9	8	4	2
9	3	8	2	4	6	5	7	1

250.

3	7	4	6	1	5	2	9	8
6	8	9	2	3	4	1	5	7
5	2	1	7	8	9	6	3	4
1	4	3	9	7	2	8	6	5
9	5	2	3	6	8	7	4	1
8	6	7	5	4	1	3	2	9
4	1	6	8	5	3	9	7	2
7	9	8	4	2	6	5	1	3
2	3	5	1	9	7	4	8	6

251.

4	7	9	2	8	1	3	5	6
6	1	3	7	9	5	2	8	4
5	2	8	6	4	3	1	7	9
2	5	6	1	3	7	4	9	8
9	8	1	4	5	2	6	3	7
7	3	4	9	6	8	5	1	2
3	4	7	8	1	6	9	2	5
8	6	5	3	2	9	7	4	1
1	9	2	5	7	4	8	6	3

252.

9	3	8	4	2	6	1	5	7
1	4	2	7	5	9	3	8	6
7	5	6	8	3	1	2	4	9
6	1	9	2	7	4	5	3	8
5	8	4	9	6	3	7	1	2
3	2	7	1	8	5	9	6	4
8	6	1	5	9	7	4	2	3
2	9	5	3	4	8	6	7	1
4	7	3	6	1	2	8	9	5

253.

3	4	1	9	6	5	7	8	2
2	5	9	7	3	8	1	6	4
7	8	6	4	1	2	3	9	5
9	1	8	5	2	3	4	7	6
4	2	5	6	7	1	8	3	9
6	7	3	8	4	9	5	2	1
5	6	7	3	9	4	2	1	8
1	3	4	2	8	6	9	5	7
8	9	2	1	5	7	6	4	3

254.

5	8	2	4	9	1	7	6	3
7	6	9	5	2	3	1	4	8
3	1	4	8	7	6	5	2	9
1	3	8	6	5	4	2	9	7
6	9	7	1	3	2	4	8	5
2	4	5	7	8	9	6	3	1
9	5	1	2	6	8	3	7	4
8	7	6	3	4	5	9	1	2
4	2	3	9	1	7	8	5	6

255.

5	3	4	9	8	7	1	2	6
6	9	7	2	4	1	3	8	5
1	8	2	6	3	5	7	9	4
8	7	3	1	2	4	6	5	9
2	6	9	3	5	8	4	1	7
4	5	1	7	6	9	2	3	8
3	4	5	8	1	6	9	7	2
7	1	6	5	9	2	8	4	3
9	2	8	4	7	3	5	6	1

256.

3	2	1	6	7	9	4	5	8
6	8	9	4	1	5	2	7	3
4	7	5	3	2	8	1	6	9
5	6	3	9	4	1	7	8	2
9	1	8	2	5	7	3	4	6
7	4	2	8	3	6	9	1	5
2	3	6	1	8	4	5	9	7
8	5	4	7	9	3	6	2	1
1	9	7	5	6	2	8	3	4

257.

8	1	7	5	2	4	3	6	9
5	4	2	3	9	6	8	7	1
9	3	6	8	7	1	5	2	4
3	6	1	9	4	2	7	5	8
2	5	4	7	3	8	9	1	6
7	8	9	1	6	5	4	3	2
4	2	3	6	8	7	1	9	5
1	7	8	2	5	9	6	4	3
6	9	5	4	1	3	2	8	7

258.

2	1	9	7	6	4	8	5	3
4	7	3	1	8	5	2	9	6
5	6	8	3	2	9	4	7	1
1	2	6	8	9	3	5	4	7
3	4	5	6	7	2	9	1	8
9	8	7	5	4	1	3	6	2
8	5	4	2	1	7	6	3	9
7	9	2	4	3	6	1	8	5
6	3	1	9	5	8	7	2	4

259.

2	1	8	9	4	5	3	7	6
4	6	9	1	7	3	5	8	2
3	7	5	6	2	8	9	1	4
1	2	4	3	6	7	8	9	5
8	3	7	4	5	9	2	6	1
5	9	6	2	8	1	7	4	3
9	4	2	8	3	6	1	5	7
6	5	1	7	9	2	4	3	8
7	8	3	5	1	4	6	2	9

260.

7	3	1	6	9	8	2	4	5
8	2	4	3	1	5	7	9	6
5	6	9	7	4	2	8	3	1
3	8	7	4	5	6	1	2	9
4	5	2	1	7	9	3	6	8
1	9	6	8	2	3	5	7	4
9	7	3	5	8	4	6	1	2
6	4	8	2	3	1	9	5	7
2	1	5	9	6	7	4	8	3

261.

2	4	8	5	6	9	7	3	1
6	5	7	1	3	2	4	9	8
9	1	3	7	8	4	5	6	2
8	7	9	4	5	1	6	2	3
4	6	1	8	2	3	9	5	7
5	3	2	9	7	6	1	8	4
3	9	4	6	1	8	2	7	5
1	2	5	3	9	7	8	4	6
7	8	6	2	4	5	3	1	9

262.

3	1	6	4	7	9	5	2	8
5	7	2	1	8	3	6	9	4
4	9	8	2	5	6	7	1	3
2	5	1	9	6	4	3	8	7
9	4	7	3	2	8	1	5	6
8	6	3	7	1	5	9	4	2
7	3	5	8	4	1	2	6	9
6	2	4	5	9	7	8	3	1
1	8	9	6	3	2	4	7	5

263.

8	5	3	4	9	2	1	7	6
4	2	7	8	6	1	9	5	3
1	9	6	3	5	7	2	8	4
5	3	4	6	7	9	8	2	1
9	8	2	1	3	4	5	6	7
7	6	1	2	8	5	3	4	9
2	1	5	9	4	6	7	3	8
6	7	8	5	1	3	4	9	2
3	4	9	7	2	8	6	1	5

264.

4	5	9	8	3	1	2	6	7
1	7	8	9	2	6	3	5	4
3	2	6	7	5	4	8	1	9
6	8	4	1	9	3	7	2	5
9	1	7	5	8	2	6	4	3
5	3	2	6	4	7	1	9	8
2	9	5	3	6	8	4	7	1
8	4	1	2	7	5	9	3	6
7	6	3	4	1	9	5	8	2

265.

8	9	6	7	2	1	3	4	5
1	2	4	9	5	3	6	8	7
5	7	3	8	4	6	1	9	2
6	3	8	2	1	5	4	7	9
4	1	2	6	9	7	8	5	3
9	5	7	4	3	8	2	1	6
3	8	9	1	7	2	5	6	4
2	4	1	5	6	9	7	3	8
7	6	5	3	8	4	9	2	1

266.

4	7	1	2	6	5	3	8	9
2	6	5	9	8	3	4	1	7
8	3	9	7	1	4	6	5	2
6	9	3	1	4	8	2	7	5
7	8	4	3	5	2	9	6	1
5	1	2	6	9	7	8	3	4
3	4	8	5	7	9	1	2	6
9	5	6	8	2	1	7	4	3
1	2	7	4	3	6	5	9	8

267.

7	6	2	8	9	1	4	5	3
9	8	3	5	4	7	1	2	6
5	1	4	6	2	3	9	7	8
8	9	5	4	7	6	3	1	2
4	3	7	1	8	2	5	6	9
1	2	6	3	5	9	8	4	7
6	5	9	2	1	8	7	3	4
2	7	1	9	3	4	6	8	5
3	4	8	7	6	5	2	9	1

268.

1	2	6	5	7	8	4	3	9
5	7	4	9	2	3	1	6	8
8	9	3	1	4	6	2	7	5
3	4	1	6	8	9	7	5	2
9	5	2	7	1	4	6	8	3
6	8	7	2	3	5	9	4	1
4	6	9	8	5	1	3	2	7
2	1	8	3	6	7	5	9	4
7	3	5	4	9	2	8	1	6

269.

7	1	4	9	6	8	2	3	5
8	3	9	7	2	5	1	6	4
5	6	2	4	1	3	9	8	7
6	7	1	5	3	9	4	2	8
4	2	3	8	7	1	5	9	6
9	8	5	2	4	6	7	1	3
2	9	7	6	8	4	3	5	1
3	5	6	1	9	7	8	4	2
1	4	8	3	5	2	6	7	9

270.

2	1	6	5	4	7	3	9	8
5	8	7	2	9	3	4	6	1
4	9	3	8	1	6	7	5	2
8	2	4	1	6	9	5	7	3
9	3	5	7	2	8	1	4	6
6	7	1	4	3	5	8	2	9
1	6	2	3	5	4	9	8	7
3	5	8	9	7	2	6	1	4
7	4	9	6	8	1	2	3	5

271.

7	6	8	1	9	2	5	3	4
1	4	2	3	5	8	7	6	9
5	3	9	4	6	7	8	1	2
2	5	3	7	8	6	9	4	1
9	7	1	5	2	4	3	8	6
4	8	6	9	3	1	2	5	7
6	9	7	8	4	3	1	2	5
3	2	5	6	1	9	4	7	8
8	1	4	2	7	5	6	9	3

272.

2	5	1	6	7	4	8	9	3
7	3	8	9	1	2	4	5	6
9	4	6	8	3	5	7	1	2
6	7	5	1	4	3	9	2	8
4	8	3	2	6	9	5	7	1
1	9	2	7	5	8	6	3	4
3	2	4	5	8	7	1	6	9
8	6	7	3	9	1	2	4	5
5	1	9	4	2	6	3	8	7

273.

1	2	9	3	4	5	6	7	8
3	6	4	7	8	2	9	1	5
5	7	8	6	1	9	3	2	4
9	5	6	8	3	7	2	4	1
7	3	2	1	9	4	5	8	6
4	8	1	2	5	6	7	3	9
2	1	5	4	6	3	8	9	7
6	4	3	9	7	8	1	5	2
8	9	7	5	2	1	4	6	3

274.

2	3	1	4	5	6	7	8	9
7	9	8	1	2	3	4	5	6
6	4	5	7	8	9	1	2	3
1	8	3	6	9	7	2	4	5
4	5	2	3	1	8	6	9	7
9	6	7	5	4	2	3	1	8
8	1	6	9	3	4	5	7	2
3	2	4	8	7	5	9	6	1
5	7	9	2	6	1	8	3	4

275.

5	6	7	8	9	3	1	2	4
8	2	9	1	4	7	3	5	6
1	3	4	5	2	6	7	8	9
3	4	8	2	5	9	6	7	1
9	5	2	6	7	1	4	3	8
7	1	6	3	8	4	2	9	5
2	8	1	4	3	5	9	6	7
4	7	5	9	6	2	8	1	3
6	9	3	7	1	8	5	4	2

276.

7	4	1	2	3	5	9	6	8
2	8	9	1	6	7	4	3	5
3	6	5	8	9	4	2	7	1
4	9	6	5	7	8	1	2	3
8	5	2	3	1	9	6	4	7
1	3	7	4	2	6	8	5	9
9	1	3	7	4	2	5	8	6
5	7	4	6	8	1	3	9	2
6	2	8	9	5	3	7	1	4

277.

3	2	5	1	4	9	6	7	8
4	6	7	8	2	3	5	9	1
9	8	1	5	7	6	2	3	4
5	1	3	2	9	4	7	8	6
2	7	6	3	8	1	4	5	9
8	9	4	6	5	7	1	2	3
6	4	2	9	3	5	8	1	7
7	3	8	4	1	2	9	6	5
1	5	9	7	6	8	3	4	2

278.

5	7	8	3	9	4	6	1	2
6	9	4	1	7	2	5	8	3
1	2	3	5	6	8	7	9	4
8	1	9	4	2	6	3	7	5
2	4	5	7	1	3	8	6	9
7	3	6	8	5	9	2	4	1
3	6	7	2	4	1	9	5	8
9	8	1	6	3	5	4	2	7
4	5	2	9	8	7	1	3	6

279.

2	5	4	8	9	3	6	1	7
3	1	9	6	4	7	5	2	8
6	7	8	5	1	2	9	3	4
4	6	1	9	2	8	3	7	5
5	9	7	4	3	6	1	8	2
8	2	3	1	7	5	4	9	6
7	3	5	2	6	9	8	4	1
9	4	6	7	8	1	2	5	3
1	8	2	3	5	4	7	6	9

280.

3	4	1	8	9	7	2	6	5
8	5	6	3	1	2	7	4	9
9	2	7	4	5	6	3	8	1
2	6	3	5	8	9	1	7	4
1	8	4	7	2	3	9	5	6
5	7	9	1	6	4	8	2	3
6	1	2	9	4	8	5	3	7
4	3	5	2	7	1	6	9	8
7	9	8	6	3	5	4	1	2

281.

5	6	8	4	2	7	1	9	3
9	3	4	8	6	1	5	2	7
7	1	2	5	3	9	8	6	4
6	4	9	3	7	8	2	1	5
3	7	5	6	1	2	4	8	9
8	2	1	9	5	4	3	7	6
4	9	3	1	8	6	7	5	2
1	5	7	2	9	3	6	4	8
2	8	6	7	4	5	9	3	1

282.

1	9	4	8	7	2	3	6	5
6	3	8	1	9	5	4	2	7
2	5	7	4	6	3	1	8	9
4	8	2	7	5	6	9	1	3
7	1	3	2	8	9	5	4	6
9	6	5	3	1	4	8	7	2
5	4	9	6	2	1	7	3	8
3	7	6	9	4	8	2	5	1
8	2	1	5	3	7	6	9	4

283.

6	2	5	8	9	4	3	7	1
3	4	8	1	7	5	6	9	2
9	1	7	6	3	2	8	4	5
5	8	2	4	1	7	9	6	3
1	7	3	2	6	9	5	8	4
4	9	6	5	8	3	2	1	7
8	6	4	3	5	1	7	2	9
7	3	1	9	2	6	4	5	8
2	5	9	7	4	8	1	3	6

284.

7	2	4	8	5	3	1	6	9
5	3	1	7	6	9	8	4	2
9	8	6	4	2	1	7	5	3
8	5	7	6	9	2	4	3	1
6	1	2	5	3	4	9	7	8
4	9	3	1	7	8	6	2	5
3	7	8	9	4	5	2	1	6
2	6	9	3	1	7	5	8	4
1	4	5	2	8	6	3	9	7

285.

1	9	2	5	6	8	4	7	3
4	6	7	9	3	1	8	5	2
3	5	8	7	4	2	1	9	6
8	3	9	2	7	5	6	1	4
5	2	1	6	8	4	7	3	9
6	7	4	3	1	9	2	8	5
9	4	5	1	2	7	3	6	8
7	8	3	4	5	6	9	2	1
2	1	6	8	9	3	5	4	7

286.

8	6	7	5	3	9	4	1	2
9	3	5	1	2	4	6	8	7
1	2	4	8	6	7	5	3	9
2	5	6	7	1	8	9	4	3
4	8	3	9	5	6	7	2	1
7	1	9	2	4	3	8	6	5
6	7	8	3	9	2	1	5	4
3	9	1	4	8	5	2	7	6
5	4	2	6	7	1	3	9	8

287.

7	1	9	8	2	4	6	5	3
8	4	3	6	1	5	2	9	7
5	6	2	7	3	9	4	1	8
2	5	7	3	9	1	8	6	4
3	9	4	2	8	6	1	7	5
6	8	1	4	5	7	3	2	9
9	3	5	1	4	2	7	8	6
4	2	6	9	7	8	5	3	1
1	7	8	5	6	3	9	4	2

288.

8	2	1	4	9	3	5	6	7
4	3	5	2	7	6	1	8	9
7	9	6	5	1	8	3	2	4
3	1	8	6	2	7	4	9	5
6	4	9	8	5	1	2	7	3
5	7	2	3	4	9	8	1	6
2	6	3	9	8	5	7	4	1
9	8	7	1	3	4	6	5	2
1	5	4	7	6	2	9	3	8

289.

8	3	2	4	9	7	6	1	5
1	7	5	2	6	8	4	3	9
9	6	4	5	3	1	7	2	8
3	1	8	7	5	2	9	4	6
4	9	7	6	8	3	2	5	1
5	2	6	9	1	4	3	8	7
7	4	1	8	2	9	5	6	3
6	8	9	3	4	5	1	7	2
2	5	3	1	7	6	8	9	4

290.

9	3	4	6	8	5	7	1	2
6	5	1	2	7	3	9	8	4
2	7	8	9	1	4	5	6	3
4	1	3	7	5	8	6	2	9
8	9	7	4	6	2	3	5	1
5	6	2	1	3	9	8	4	7
3	4	6	5	9	1	2	7	8
7	2	9	8	4	6	1	3	5
1	8	5	3	2	7	4	9	6

291.

1	7	8	9	5	3	6	2	4
9	2	3	6	4	1	5	8	7
4	5	6	7	2	8	9	1	3
2	8	5	3	6	4	1	7	9
3	4	7	1	9	2	8	5	6
6	9	1	8	7	5	4	3	2
7	1	9	5	3	6	2	4	8
5	6	4	2	8	7	3	9	1
8	3	2	4	1	9	7	6	5

292.

1	8	2	9	4	5	3	6	7
9	3	7	8	2	6	4	5	1
4	5	6	1	7	3	8	9	2
8	6	4	5	9	7	2	1	3
2	9	3	4	6	1	7	8	5
7	1	5	2	3	8	6	4	9
3	7	8	6	1	9	5	2	4
6	2	9	7	5	4	1	3	8
5	4	1	3	8	2	9	7	6

293.

3	7	6	2	8	9	1	4	5
2	5	8	1	7	4	3	6	9
4	9	1	3	5	6	7	8	2
7	2	5	6	3	1	4	9	8
6	8	9	4	2	7	5	1	3
1	3	4	5	9	8	6	2	7
5	6	3	8	4	2	9	7	1
8	1	7	9	6	5	2	3	4
9	4	2	7	1	3	8	5	6

294.

2	6	9	8	1	7	4	5	3
8	5	3	6	9	4	1	7	2
4	7	1	5	2	3	6	8	9
6	2	5	7	3	9	8	1	4
7	3	8	4	5	1	9	2	6
9	1	4	2	6	8	5	3	7
3	4	6	1	7	5	2	9	8
1	9	2	3	8	6	7	4	5
5	8	7	9	4	2	3	6	1

295.

5	8	3	2	1	6	4	7	9
9	1	2	4	3	7	5	6	8
6	7	4	8	5	9	2	3	1
7	6	1	5	4	3	8	9	2
2	3	8	9	6	1	7	4	5
4	9	5	7	2	8	3	1	6
3	5	7	6	9	2	1	8	4
8	4	6	1	7	5	9	2	3
1	2	9	3	8	4	6	5	7

296.

5	8	2	9	1	4	3	7	6
1	7	3	8	6	2	9	5	4
9	6	4	3	5	7	1	2	8
7	3	6	2	4	1	8	9	5
2	5	8	7	9	6	4	3	1
4	9	1	5	3	8	7	6	2
8	1	5	6	7	3	2	4	9
3	2	9	4	8	5	6	1	7
6	4	7	1	2	9	5	8	3

297.

7	1	3	4	5	2	6	9	8
2	8	9	7	3	6	5	4	1
4	6	5	9	1	8	3	2	7
9	2	1	3	6	7	8	5	4
8	3	6	5	4	9	7	1	2
5	4	7	2	8	1	9	3	6
1	5	2	8	7	3	4	6	9
3	9	8	6	2	4	1	7	5
6	7	4	1	9	5	2	8	3

298.

1	5	8	7	9	2	4	3	6
9	3	2	5	4	6	1	7	8
4	6	7	8	3	1	5	2	9
7	8	9	3	1	4	2	6	5
6	4	1	2	7	5	9	8	3
3	2	5	6	8	9	7	4	1
8	9	6	1	2	7	3	5	4
5	7	4	9	6	3	8	1	2
2	1	3	4	5	8	6	9	7

299.

6	2	4	8	1	7	9	3	5
8	9	3	6	5	4	1	7	2
1	7	5	9	2	3	8	6	4
2	6	7	1	8	5	3	4	9
3	8	1	4	6	9	5	2	7
4	5	9	7	3	2	6	1	8
5	4	6	3	7	8	2	9	1
7	1	2	5	9	6	4	8	3
9	3	8	2	4	1	7	5	6

300.

7	5	4	6	3	2	1	8	9
3	6	1	8	7	9	5	4	2
2	9	8	1	5	4	7	3	6
5	1	6	2	4	8	3	9	7
4	2	3	7	9	6	8	1	5
9	8	7	5	1	3	6	2	4
6	4	5	9	8	1	2	7	3
1	7	9	3	2	5	4	6	8
8	3	2	4	6	7	9	5	1

301.

8	2	9	7	1	5	6	4	3
4	7	3	6	9	8	1	5	2
5	1	6	2	4	3	9	8	7
3	8	1	5	7	6	4	2	9
9	6	4	1	3	2	5	7	8
7	5	2	9	8	4	3	6	1
2	9	7	4	5	1	8	3	6
1	4	8	3	6	7	2	9	5
6	3	5	8	2	9	7	1	4

302.

8	1	3	5	9	4	6	7	2
7	5	9	6	2	8	3	4	1
2	4	6	7	3	1	9	8	5
1	7	8	3	6	5	2	9	4
4	6	5	9	8	2	1	3	7
3	9	2	4	1	7	5	6	8
5	3	7	1	4	6	8	2	9
9	8	4	2	5	3	7	1	6
6	2	1	8	7	9	4	5	3

303.

7	1	8	9	2	3	6	4	5
4	2	5	8	7	6	1	9	3
6	9	3	5	1	4	2	8	7
2	5	4	6	8	1	3	7	9
1	3	9	7	4	2	8	5	6
8	6	7	3	9	5	4	2	1
5	7	1	4	6	8	9	3	2
9	4	2	1	3	7	5	6	8
3	8	6	2	5	9	7	1	4

304.

6	8	1	5	3	2	4	9	7
5	7	3	1	4	9	6	8	2
2	9	4	6	8	7	5	3	1
8	6	5	2	1	4	9	7	3
4	1	2	7	9	3	8	5	6
9	3	7	8	6	5	1	2	4
7	2	9	4	5	1	3	6	8
1	5	8	3	2	6	7	4	9
3	4	6	9	7	8	2	1	5

305.

4	7	9	3	8	2	1	5	6
2	3	1	6	7	5	4	9	8
8	6	5	1	4	9	3	2	7
7	8	2	9	6	3	5	4	1
9	1	3	8	5	4	7	6	2
6	5	4	7	2	1	8	3	9
3	9	8	5	1	6	2	7	4
5	4	7	2	9	8	6	1	3
1	2	6	4	3	7	9	8	5

306.

8	7	1	4	2	6	5	9	3
5	4	3	8	1	9	7	6	2
6	2	9	5	7	3	1	8	4
1	8	6	7	5	4	2	3	9
7	5	4	3	9	2	8	1	6
9	3	2	6	8	1	4	5	7
3	6	7	1	4	5	9	2	8
4	9	5	2	6	8	3	7	1
2	1	8	9	3	7	6	4	5

307.

5	1	9	8	3	4	6	7	2
7	8	2	6	5	9	1	3	4
6	3	4	7	1	2	5	8	9
9	2	3	1	8	5	4	6	7
4	7	6	2	9	3	8	1	5
8	1	5	4	6	7	9	2	3
1	4	7	5	2	6	3	9	8
3	5	8	9	7	1	2	4	6
2	6	9	3	4	8	7	5	1

308.

8	1	7	6	2	5	9	3	4
6	9	2	1	3	4	5	7	8
3	4	5	7	8	9	6	1	2
5	6	3	2	9	1	4	8	7
2	7	9	3	4	8	1	5	6
1	8	4	5	6	7	2	9	3
4	3	1	8	5	2	7	6	9
7	2	6	9	1	3	8	4	5
9	5	8	4	7	6	3	2	1

309.

2	7	9	6	4	3	1	5	8
6	1	8	2	7	5	4	3	9
3	5	4	1	8	9	6	2	7
7	3	2	4	9	6	8	1	5
8	6	1	5	2	7	9	4	3
9	4	5	8	3	1	2	7	6
4	9	7	3	6	2	5	8	1
1	8	6	7	5	4	3	9	2
5	2	3	9	1	8	7	6	4

310.

8	6	1	9	4	7	5	3	2
5	4	9	3	1	2	7	8	6
2	3	7	5	8	6	4	1	9
6	8	3	7	9	1	2	4	5
4	7	2	6	3	5	8	9	1
1	9	5	4	2	8	3	6	7
9	5	4	1	7	3	6	2	8
7	1	8	2	6	4	9	5	3
3	2	6	8	5	9	1	7	4

311.

1	4	7	5	6	8	2	9	3
5	6	8	9	2	3	1	7	4
9	2	3	1	4	7	5	6	8
8	7	9	4	5	1	3	2	6
6	5	1	3	8	2	7	4	9
2	3	4	6	7	9	8	5	1
3	1	2	7	9	4	6	8	5
4	8	6	2	3	5	9	1	7
7	9	5	8	1	6	4	3	2

312.

9	1	8	5	4	7	2	6	3
7	3	2	6	9	8	1	5	4
6	4	5	1	2	3	7	8	9
8	6	9	3	7	5	4	2	1
5	2	4	9	6	1	8	3	7
3	7	1	4	8	2	6	9	5
4	5	6	8	1	9	3	7	2
2	8	3	7	5	4	9	1	6
1	9	7	2	3	6	5	4	8

313.

6	7	8	4	5	2	3	9	1
3	9	2	1	8	7	6	4	5
1	4	5	3	6	9	2	8	7
7	1	4	5	2	8	9	6	3
9	5	6	7	4	3	1	2	8
2	8	3	6	9	1	5	7	4
8	2	1	9	7	5	4	3	6
5	6	7	2	3	4	8	1	9
4	3	9	8	1	6	7	5	2

314.

8	4	5	1	3	6	9	2	7
9	2	3	5	7	8	1	6	4
7	6	1	2	4	9	3	5	8
3	7	8	4	2	1	5	9	6
4	5	6	7	9	3	8	1	2
2	1	9	6	8	5	4	7	3
1	8	7	3	5	2	6	4	9
5	3	2	9	6	4	7	8	1
6	9	4	8	1	7	2	3	5

315.

4	9	8	5	6	2	1	3	7
3	1	2	8	9	7	5	6	4
5	6	7	4	3	1	8	9	2
6	8	5	3	4	9	7	2	1
7	2	9	1	5	8	3	4	6
1	3	4	2	7	6	9	5	8
9	7	1	6	2	5	4	8	3
2	5	3	7	8	4	6	1	9
8	4	6	9	1	3	2	7	5

316.

7	1	6	5	4	9	2	8	3
8	5	9	2	6	3	1	7	4
2	3	4	7	1	8	5	6	9
6	9	3	8	5	2	7	4	1
1	8	5	9	7	4	3	2	6
4	2	7	6	3	1	9	5	8
5	6	1	3	8	7	4	9	2
3	7	2	4	9	6	8	1	5
9	4	8	1	2	5	6	3	7

317.

8	5	6	1	9	7	4	2	3
7	1	3	5	2	4	8	6	9
4	2	9	3	8	6	7	1	5
9	3	7	2	4	1	5	8	6
2	8	5	9	6	3	1	4	7
6	4	1	8	7	5	3	9	2
3	9	8	4	5	2	6	7	1
1	6	4	7	3	9	2	5	8
5	7	2	6	1	8	9	3	4

318.

3	4	9	6	7	2	8	1	5
6	5	1	3	8	4	2	9	7
7	2	8	5	9	1	4	3	6
1	6	3	2	4	8	7	5	9
2	8	7	9	5	6	3	4	1
4	9	5	7	1	3	6	8	2
9	7	2	8	3	5	1	6	4
5	3	4	1	6	7	9	2	8
8	1	6	4	2	9	5	7	3

319.

3	4	7	8	2	6	5	1	9
6	9	8	3	5	1	7	2	4
2	1	5	4	7	9	3	8	6
8	7	1	9	3	5	6	4	2
9	3	4	1	6	2	8	5	7
5	2	6	7	4	8	9	3	1
4	8	9	5	1	7	2	6	3
1	5	2	6	9	3	4	7	8
7	6	3	2	8	4	1	9	5

320.

1	7	6	4	3	5	9	2	8
5	3	8	7	2	9	4	1	6
4	9	2	8	1	6	7	5	3
9	5	1	2	4	8	3	6	7
6	4	3	9	5	7	1	8	2
2	8	7	3	6	1	5	9	4
7	1	9	6	8	3	2	4	5
8	2	5	1	7	4	6	3	9
3	6	4	5	9	2	8	7	1

321.

5	9	2	1	7	8	3	6	4
7	3	1	9	6	4	8	2	5
6	8	4	5	2	3	1	7	9
3	6	5	4	8	1	2	9	7
2	1	9	7	5	6	4	3	8
4	7	8	3	9	2	6	5	1
8	5	6	2	4	7	9	1	3
1	2	7	8	3	9	5	4	6
9	4	3	6	1	5	7	8	2

322.

7	8	2	1	6	4	9	3	5
1	9	4	2	5	3	7	8	6
5	3	6	8	7	9	4	1	2
6	2	8	7	9	5	3	4	1
3	4	7	6	2	1	5	9	8
9	1	5	3	4	8	6	2	7
2	7	1	9	3	6	8	5	4
8	5	9	4	1	7	2	6	3
4	6	3	5	8	2	1	7	9

323.

4	2	9	1	5	8	6	7	3
7	5	6	2	4	3	8	9	1
1	8	3	6	9	7	4	2	5
8	1	4	5	7	2	9	3	6
9	3	5	4	8	6	7	1	2
6	7	2	3	1	9	5	8	4
5	6	7	9	2	1	3	4	8
2	4	8	7	3	5	1	6	9
3	9	1	8	6	4	2	5	7

324.

6	9	8	5	7	2	3	4	1
5	3	1	4	6	9	2	7	8
2	4	7	8	1	3	5	9	6
9	8	2	6	3	7	4	1	5
1	6	5	2	4	8	7	3	9
4	7	3	9	5	1	6	8	2
3	2	6	1	9	4	8	5	7
7	5	9	3	8	6	1	2	4
8	1	4	7	2	5	9	6	3

325.

9	6	5	7	1	8	3	2	4
4	2	1	3	6	9	5	8	7
8	7	3	5	2	4	1	9	6
6	4	7	2	3	1	8	5	9
1	5	8	9	4	7	6	3	2
3	9	2	8	5	6	4	7	1
7	1	9	6	8	3	2	4	5
2	8	6	4	9	5	7	1	3
5	3	4	1	7	2	9	6	8

326.

3	9	8	4	2	7	1	6	5
6	1	4	3	9	5	7	2	8
5	2	7	6	1	8	3	4	9
1	6	3	2	7	9	8	5	4
2	8	5	1	6	4	9	3	7
7	4	9	5	8	3	2	1	6
8	5	1	9	4	2	6	7	3
9	3	6	7	5	1	4	8	2
4	7	2	8	3	6	5	9	1

327.

2	3	8	4	5	1	7	6	9
4	5	9	2	6	7	1	8	3
1	7	6	8	9	3	5	2	4
5	9	2	1	4	8	6	3	7
8	6	7	5	3	2	9	4	1
3	1	4	9	7	6	2	5	8
6	4	1	3	2	9	8	7	5
7	8	5	6	1	4	3	9	2
9	2	3	7	8	5	4	1	6

328.

4	3	1	6	5	9	7	8	2
9	7	5	2	1	8	6	4	3
6	2	8	7	4	3	5	1	9
8	4	7	1	6	2	3	9	5
1	9	3	5	8	7	4	2	6
5	6	2	3	9	4	1	7	8
3	8	6	4	2	1	9	5	7
2	5	4	9	7	6	8	3	1
7	1	9	8	3	5	2	6	4

329.

6	5	1	3	9	4	2	7	8
7	3	4	5	2	8	9	6	1
8	2	9	6	7	1	3	4	5
1	4	3	8	5	6	7	2	9
2	9	8	7	4	3	1	5	6
5	7	6	2	1	9	8	3	4
4	8	7	9	6	2	5	1	3
3	6	2	1	8	5	4	9	7
9	1	5	4	3	7	6	8	2

330.

3	4	5	9	2	1	7	8	6
7	9	2	4	8	6	5	1	3
8	6	1	7	5	3	4	9	2
5	7	9	2	3	8	6	4	1
4	1	6	5	9	7	2	3	8
2	8	3	6	1	4	9	5	7
6	5	8	1	7	9	3	2	4
9	3	7	8	4	2	1	6	5
1	2	4	3	6	5	8	7	9

331.

7	3	9	6	2	1	5	4	8
5	2	8	3	4	9	1	6	7
4	6	1	8	5	7	2	9	3
2	4	5	7	6	8	3	1	9
3	9	7	2	1	5	4	8	6
8	1	6	4	9	3	7	5	2
1	5	3	9	7	6	8	2	4
9	7	2	1	8	4	6	3	5
6	8	4	5	3	2	9	7	1

332.

3	4	6	7	8	5	9	1	2
9	5	1	2	6	3	7	8	4
2	8	7	1	4	9	6	3	5
1	3	8	9	2	6	5	4	7
4	7	9	3	5	1	2	6	8
5	6	2	4	7	8	1	9	3
6	1	4	5	3	2	8	7	9
7	9	5	8	1	4	3	2	6
8	2	3	6	9	7	4	5	1

333.

8	7	4	6	9	1	2	5	3
5	2	6	7	3	4	8	1	9
9	1	3	5	2	8	6	7	4
7	5	9	8	1	2	3	4	6
4	3	8	9	6	7	1	2	5
1	6	2	3	4	5	7	9	8
2	8	5	4	7	3	9	6	1
6	4	7	1	8	9	5	3	2
3	9	1	2	5	6	4	8	7

334.

1	3	6	4	8	9	2	7	5
2	8	4	6	7	5	3	9	1
9	5	7	3	2	1	4	8	6
6	2	3	5	1	7	9	4	8
5	4	8	2	9	3	6	1	7
7	9	1	8	6	4	5	3	2
4	7	2	9	5	8	1	6	3
3	1	5	7	4	6	8	2	9
8	6	9	1	3	2	7	5	4

335.

1	6	7	5	2	3	4	8	9
8	5	2	1	9	4	6	7	3
9	3	4	6	8	7	1	2	5
4	2	8	9	5	6	7	3	1
3	7	5	4	1	8	9	6	2
6	9	1	3	7	2	5	4	8
5	4	3	8	6	1	2	9	7
7	1	6	2	3	9	8	5	4
2	8	9	7	4	5	3	1	6

336.

8	4	5	2	7	6	9	1	3
9	3	6	4	8	1	5	7	2
2	1	7	5	9	3	6	8	4
7	6	8	9	5	2	4	3	1
3	2	1	6	4	8	7	9	5
4	5	9	3	1	7	8	2	6
6	7	3	8	2	4	1	5	9
1	9	4	7	3	5	2	6	8
5	8	2	1	6	9	3	4	7

337.

1	4	8	9	5	6	7	2	3
2	7	3	8	1	4	5	9	6
6	9	5	3	7	2	8	4	1
8	2	9	5	6	3	4	1	7
7	5	4	2	9	1	6	3	8
3	1	6	4	8	7	9	5	2
5	8	2	6	3	9	1	7	4
9	3	7	1	4	8	2	6	5
4	6	1	7	2	5	3	8	9

338.

3	1	7	4	5	8	6	9	2
9	2	8	7	6	1	3	4	5
6	4	5	9	3	2	8	1	7
7	9	1	8	4	6	2	5	3
4	3	6	1	2	5	9	7	8
8	5	2	3	9	7	4	6	1
5	8	4	2	1	9	7	3	6
2	6	9	5	7	3	1	8	4
1	7	3	6	8	4	5	2	9

339.

2	3	1	6	7	9	5	8	4
8	9	5	1	2	4	3	6	7
7	6	4	3	5	8	2	1	9
4	8	3	7	9	1	6	5	2
9	2	7	8	3	6	8	4	1
5	1	6	4	8	2	7	9	3
6	5	9	2	4	3	1	7	8
3	7	8	9	1	5	4	2	6
1	4	2	8	6	7	9	3	5

340.

2	1	5	8	3	9	7	4	6
7	3	8	1	4	6	5	2	9
6	4	9	2	7	5	8	3	1
5	2	7	9	1	3	6	8	4
9	6	3	4	5	8	2	1	7
1	8	4	6	2	7	9	5	3
8	7	1	5	6	4	3	9	2
3	9	2	7	8	1	4	6	5
4	5	6	3	9	2	1	7	8

341.

8	4	7	3	6	9	1	2	5
6	3	1	7	2	5	4	9	8
5	2	9	8	4	1	6	7	3
7	1	5	6	9	8	3	4	2
9	8	2	5	3	4	7	1	6
4	6	3	2	1	7	8	5	9
2	5	4	1	8	3	9	6	7
3	9	6	4	7	2	5	8	1
1	7	8	9	5	6	2	3	4

342.

1	8	7	4	2	3	5	9	6
2	5	6	1	9	8	3	7	4
3	9	4	7	5	6	8	2	1
7	6	3	2	4	1	9	8	5
9	2	8	6	7	5	1	4	3
4	1	5	8	3	9	2	6	7
6	4	1	3	8	2	7	5	9
5	7	2	9	1	4	6	3	8
8	3	9	5	6	7	4	1	2

343.

1	2	7	3	5	6	8	9	4
9	4	6	8	7	2	1	5	3
3	5	8	9	1	4	7	2	6
6	1	4	7	9	8	2	3	5
8	7	9	2	3	5	6	4	1
5	3	2	6	4	1	9	7	8
4	9	1	5	8	7	3	6	2
7	6	5	1	2	3	4	8	9
2	8	3	4	6	9	5	1	7

344.

4	9	7	1	8	5	6	2	3
1	6	3	7	4	2	5	8	9
5	2	8	3	9	6	7	4	1
3	7	1	2	6	4	9	5	8
6	8	5	9	1	7	2	3	4
9	4	2	5	3	8	1	7	6
7	1	9	4	2	3	8	6	5
8	5	4	6	7	9	3	1	2
2	3	6	8	5	1	4	9	7

345.

3	1	4	2	9	7	6	8	5
9	5	7	3	6	8	4	1	2
8	2	6	1	4	5	9	3	7
7	8	9	5	3	6	1	2	4
5	3	1	4	7	2	8	9	6
6	4	2	9	8	1	5	7	3
4	7	3	8	5	9	2	6	1
1	6	8	7	2	4	3	5	9
2	9	5	6	1	3	7	4	8

346.

9	2	4	7	6	5	8	1	3
1	3	8	2	9	4	5	6	7
6	5	7	3	1	8	9	4	2
3	7	2	1	5	6	4	8	9
8	6	1	9	4	7	2	3	5
4	9	5	8	3	2	1	7	6
5	4	9	6	7	1	3	2	8
7	8	3	4	2	9	6	5	1
2	1	6	5	8	3	7	9	4

347.

2	8	7	9	3	4	5	1	6
9	4	6	2	1	5	3	7	8
5	3	1	6	8	7	9	4	2
1	6	4	7	5	3	8	2	9
7	2	5	1	9	8	4	6	3
3	9	8	4	2	6	1	5	7
4	7	3	5	6	9	2	8	1
8	5	2	3	7	1	6	9	4
6	1	9	8	4	2	7	3	5

348.

5	4	3	1	9	8	6	7	2
2	7	9	4	5	6	8	3	1
1	6	8	7	2	3	9	4	5
7	1	2	9	8	5	4	6	3
6	9	5	2	3	4	1	8	7
8	3	4	6	7	1	5	2	9
4	8	7	5	1	2	3	9	6
3	2	1	8	6	9	7	5	4
9	5	6	3	4	7	2	1	8

349.

3	4	5	2	8	9	6	1	7
9	7	6	5	1	4	3	2	8
2	8	1	6	7	3	9	4	5
1	5	9	4	3	6	7	8	2
4	6	3	8	2	7	5	9	1
8	2	7	9	5	1	4	3	6
6	1	8	3	9	5	2	7	4
7	3	4	1	6	2	8	5	9
5	9	2	7	4	8	1	6	3

350.

1	4	6	3	7	8	2	5	9
8	5	7	2	6	9	3	1	4
3	2	9	1	4	5	6	8	7
5	3	4	8	2	1	7	9	6
9	6	8	5	3	7	1	4	2
2	7	1	6	9	4	5	3	8
6	1	3	4	8	2	9	7	5
4	9	2	7	5	3	8	6	1
7	8	5	9	1	6	4	2	3

351.

2	7	8	5	3	9	4	6	1
3	5	6	8	1	4	2	7	9
1	4	9	2	7	6	3	5	8
8	6	5	9	2	1	7	3	4
7	1	4	6	5	3	9	8	2
9	2	3	4	8	7	5	1	6
4	8	7	1	9	5	6	2	3
5	9	1	3	6	2	8	4	7
6	3	2	7	4	8	1	9	5

352.

8	2	3	9	4	5	7	6	1
6	4	9	7	2	1	8	3	5
7	1	5	3	6	8	4	9	2
3	7	8	1	9	4	2	5	6
2	6	1	8	5	3	9	4	7
9	5	4	6	7	2	3	1	8
1	9	7	4	8	6	5	2	3
5	8	6	2	3	9	1	7	4
4	3	2	5	1	7	6	8	9

353.

2	6	7	3	4	1	8	9	5
3	4	8	7	9	5	2	1	6
5	1	9	2	6	8	7	4	3
4	2	1	9	5	3	6	8	7
8	7	5	1	2	6	4	3	9
9	3	6	4	8	7	5	2	1
6	5	3	8	1	4	9	7	2
1	8	2	5	7	9	3	6	4
7	9	4	6	3	2	1	5	8

354.

4	1	6	2	3	7	5	9	8
7	8	2	4	5	9	6	1	3
9	5	3	8	1	6	7	4	2
6	7	5	3	9	4	2	8	1
8	9	1	7	2	5	3	6	4
2	3	4	6	8	1	9	5	7
1	4	9	5	7	2	8	3	6
3	6	7	9	4	8	1	2	5
5	2	8	1	6	3	4	7	9

355.

6	8	9	5	7	4	1	2	3
5	7	4	2	3	1	9	6	8
2	1	3	6	8	9	4	5	7
3	6	2	1	5	8	7	9	4
9	5	7	4	6	3	2	8	1
1	4	8	9	2	7	5	3	6
4	9	6	3	1	2	8	7	5
7	2	5	8	4	6	3	1	9
8	3	1	7	9	5	6	4	2

356.

2	6	5	9	3	1	7	4	8
1	9	7	4	8	2	6	3	5
4	3	8	5	6	7	1	9	2
9	4	2	3	1	5	8	7	6
8	1	3	7	4	6	5	2	9
7	5	6	8	2	9	3	1	4
6	8	9	1	7	4	2	5	3
5	2	1	6	9	3	4	8	7
3	7	4	2	5	8	9	6	1

357.

5	1	3	4	6	2	8	7	9
9	6	4	7	3	8	5	2	1
8	2	7	9	1	5	6	3	4
3	9	5	2	8	4	1	6	7
1	8	2	6	5	7	4	9	3
4	7	6	1	9	3	2	8	5
6	4	9	8	7	1	3	5	2
7	5	1	3	2	6	9	4	8
2	3	8	5	4	9	7	1	6

358.

8	1	6	5	7	9	2	3	4
9	7	4	1	3	2	6	8	5
3	2	5	8	4	6	9	1	7
7	4	8	2	6	3	1	5	9
1	6	3	7	9	5	8	4	2
5	9	2	4	8	1	3	7	6
4	5	9	3	2	8	7	6	1
6	8	7	9	1	4	5	2	3
2	3	1	6	5	7	4	9	8

359.

5	4	9	3	2	1	6	7	8
1	3	6	9	8	7	2	5	4
7	8	2	6	5	4	3	9	1
3	7	1	5	6	8	4	2	9
2	9	5	7	4	3	1	8	6
4	6	8	2	1	9	7	3	5
6	1	3	8	7	5	9	4	2
9	5	4	1	3	2	8	6	7
8	2	7	4	9	6	5	1	3

360.

5	8	6	1	4	2	7	9	3
2	3	7	8	5	9	4	6	1
4	1	9	3	6	7	5	8	2
8	9	4	2	3	1	6	7	5
7	2	1	5	8	6	9	3	4
6	5	3	9	7	4	1	2	8
3	7	2	6	1	5	8	4	9
9	4	5	7	2	8	3	1	6
1	6	8	4	9	3	2	5	7

361.

9	4	1	8	2	6	7	5	3
2	3	8	9	7	5	1	4	6
6	5	7	1	3	4	8	9	2
1	9	6	3	4	2	5	8	7
8	7	4	6	5	9	2	3	1
5	2	3	7	1	8	9	6	4
3	6	2	5	9	1	4	7	8
4	8	9	2	6	7	3	1	5
7	1	5	4	8	3	6	2	9

362.

3	1	4	5	8	9	2	7	6
2	6	9	1	7	4	5	8	3
8	5	7	2	6	3	4	9	1
9	7	8	3	5	6	1	2	4
5	2	1	9	4	8	6	3	7
6	4	3	7	1	2	9	5	8
7	3	6	4	2	5	8	1	9
4	9	5	8	3	1	7	6	2
1	8	2	6	9	7	3	4	5

363.

2	3	9	6	4	8	5	7	1
8	5	4	7	2	1	9	3	6
7	1	6	3	9	5	2	4	8
9	6	5	4	1	2	7	8	3
1	8	3	9	6	7	4	2	5
4	7	2	8	6	3	1	6	9
5	2	7	1	8	6	3	9	4
6	4	1	2	3	9	8	5	7
3	9	8	5	7	4	6	1	2

364.

6	2	3	8	4	7	1	9	5
1	7	9	6	3	5	2	4	8
4	5	8	9	2	1	3	6	7
9	8	2	7	1	6	5	3	4
5	1	7	4	9	3	8	2	6
3	4	6	2	5	8	7	1	9
8	3	1	5	6	9	4	7	2
2	9	5	1	7	4	6	8	3
7	6	4	3	8	2	9	5	1

365.

8	6	1	2	5	7	3	9	4
4	5	2	3	8	9	7	6	1
3	7	9	4	1	6	5	2	8
9	1	3	5	2	8	6	4	7
5	8	6	9	7	4	1	3	2
7	2	4	1	6	3	8	5	9
1	3	5	8	9	2	4	7	6
2	4	7	6	3	1	9	8	5
6	9	8	7	4	5	2	1	3

图书在版编目（CIP）数据

最强大脑训练课：越玩越聪明的365个数独游戏 / 诸葛文著. —4版. —北京：中国法制出版社，2019.10

ISBN 978-7-5216-0436-8

Ⅰ. ①最… Ⅱ. ①诸… Ⅲ. ①智力游戏 Ⅳ. ①G898.2

中国版本图书馆CIP数据核字（2019）第176941号

责任编辑：郭会娟（gina0214@126.com） 封面设计：李 宁

最强大脑训练课：越玩越聪明的365个数独游戏

ZUI QIANG DA'NAO XUNLIANKE：YUE WAN YUE CONGMING DE 365 GE SHUDU YOUXI

著者 / 诸葛文

经销 / 新华书店

印刷 / 河北鑫兆源印刷有限公司

开本 / 710毫米×1000毫米 16开 印张 / 14.75 字数 / 218千

版次 / 2019年10月第4版 2019年10月第1次印刷

中国法制出版社出版

书号ISBN 978-7-5216-0436-8 定价：45.00元

北京西单横二条2号 邮政编码100031

值班电话：010-66026508

传真：010-66031119

网址：http://www.zgfzs.com

编辑部电话：010-66022959

市场营销部电话：010-66033393

邮购部电话：010-66033288

（如有印装质量问题，请与本社编务印务管理部联系调换。电话：010-66032926）